PANAJOTIS AL. PAPANIKOLAOU

# Schlechterfüllung beim Vertrag zugunsten Dritter

Schriften zum Bürgerlichen Recht

Band 37

# Schlechterfüllung beim Vertrag zugunsten Dritter

Ein Beitrag zu der Dogmatik des Vertrags zugunsten Dritter

Von

Dr. Panajotis Al. Papanikolaou

DUNCKER & HUMBLOT / BERLIN

Gedruckt mit Unterstützung
des Deutschen Akademischen Austauschdienstes

CIP-Kurztitelaufnahme der Deutschen Bibliothek

**Papanikolaou, Panajotis Al.**
Schlechterfüllung beim Vertrag zugunsten Dritter:
e. Beitr. zu d. Dogmatik d. Vertrages zugunsten
Dritter. — 1. Aufl. — Berlin: Duncker und Humblot,
1977.
  (Schriften zum Bürgerlichen Recht; Bd. 37)
  ISBN 3-428-03833-9

Alle Rechte vorbehalten
© 1977 Duncker & Humblot, Berlin 41
Gedruckt 1977 bei Buchdruckerei Bruno Luck, Berlin 65
Printed in Germany
ISBN 3 428 03833 9

*Meinem verehrten Lehrer*
*Prof. Dr. Johannes M. Sontis*

# Vorwort

Im System des grundsätzlich auf die dualistische Modellvorstellung des Schuldverhältnisses aufbauenden Schuldrechts des BGB stellt sich die Rechtsfigur des Vertrages zugunsten Dritter, für welche die durch die Existenz des Dritten bedingte Spaltung der Gläubigerrolle charakteristisch ist, als eine Ausnahmeerscheinung dar. Deswegen bereitet die Anwendung der auf diesen (normalen) Typus des Schuldverhältnisses zugeschnittenen allgemeinen Gesetzesnormen auf den Vertrag zugunsten Dritter erhebliche systematische Schwierigkeiten. Dies gilt insbesondere im Hinblick auf die Leistungsstörungen im Bereich des Vertrags zugunsten Dritter, da es an einer speziellen Regelung dieser Frage im Gesetz fehlt. Die Schließung der daher entstehenden Gesetzeslücke ist Aufgabe der vorliegenden Untersuchung.

Bei der Entwicklung der Lösungsvorschläge ist in dieser Arbeit vorwiegend auf deren Sachgerechtigkeit abgestellt und dementsprechend der Weg der Interessenabwägung und des problemorientierten, offenen Argumentierens beschritten worden. Zugleich hat es jedoch an Systematisierungsbemühungen nicht gefehlt.

Die Arbeit ist meinem verehrten Lehrer, Prof. Dr. Johannes M. Sontis aus Athen, gewidmet als bescheidenes Zeichen meiner Dankbarkeit.

Meinem verehrten Doktorvater Prof. Dr. Dr. h. c. Dr. h. c. Fritz Baur möchte ich an dieser Stelle meinen besten Dank für seinen vielfältigen Beistand während meines Studiums an der Universität Tübingen aussprechen.

Ferner möchte ich auch dem Deutschen Akademischen Austauschdienst danken, der mein Studium und diese Veröffentlichung finanziell ermöglicht hat.

Rechtsprechung und Literatur konnten nur bis Ende Mai 1976 berücksichtigt werden.

Tübingen, im Juli 1976

*Panajotis Al. Papanikolaou*

# Inhaltsübersicht

## Erster Teil
### Einführung in den vorliegenden Untersuchungsgegenstand

§ 1. Der Vertrag zugunsten Dritter und die positiven Vertragsverletzungen als Emanationen der Erweiterung des Begriffs und der Veränderung des Charakters des Schuldverhältnisses im modernen Recht   13

§ 2. Problemstellung und Methode ............................................. 14
    I. Das Problem ............................................................. 15
    II. Die Methode ........................................................... 17

§ 3. Die Schlechterfüllung im allgemeinen ................................... 20
    I. Zur Bildung eines einheitlichen Tatbestandes ................. 21
    II. Rechtsfolgen ............................................................ 22

§ 4. Der Vertrag zugunsten Dritter, insbesondere die Vertragstypen .... 24
    I. Der unechte Vertrag zugunsten Dritter ......................... 25
    II. Der echte Vertrag zugunsten Dritter ........................... 26
    III. Der Vertrag mit Schutzwirkung für Dritte ................... 29

## Zweiter Teil
### Zur näheren Analyse des Mechanismus des Vertrags zugunsten Dritter

§ 5. Die Rechtsverhältnisse der beteiligten Personen ..................... 33
    I. Das Verhältnis zwischen Versprechensempfänger und Drittem (Valutaverhältnis) ........................................................ 33
    II. Das Verhältnis zwischen Versprechendem und Versprechensempfänger (Deckungsverhältnis) ................................... 36
    III. Das Verhältnis zwischen Versprechendem und Drittem (direktes Leistungsverhältnis) .................................................. 38

§ 6. Interessenlage und Interessenwürdigung ............................... 42
    I. Die Unzulässigkeit der Verschlechterung der Rechtsstellung des Dritten durch dessen Einbeziehung in den Vertrag zu dessen Gunsten ..................................................................... 42
    II. Die dominierende Rolle des Versprechensempfängers innerhalb des Vertrages zugunsten Dritter ..................................... 45

III. Die Zumutbarkeitsgrenze gegenüber dem Versprechenden ...... 47
IV. Die Eigenart der Gläubigerkonstellation im Falle der Mitberechtigung (§ 335 BGB) .............................................. 52

## Dritter Teil
## Die Auswirkungen der Schlechterfüllung seitens des Versprechenden auf die Gläubigerseite des Vertrags zugunsten Dritter

§ 7. Beim unechten Vertrag zugunsten Dritter ........................ 56

§ 8. Beim echten Vertrag zugunsten Dritter ......................... 59
    I. Im Bereich des Erfüllungsinteresses ......................... 59
        A. Im Falle der Mitberechtigung (§ 335 BGB) ................. 59
            1. Bei einseitigem Vertrag zugunsten Dritter ............... 59
            2. Bei gegenseitigem Vertrag zugunsten Dritter ............ 62
                a) Rücktritt, Schadensersatz wegen Nichterfüllung nach der Differenztheorie und Wahlrecht .................. 67
                b) Schadensersatz wegen Nichterfüllung nach der Austauschtheorie ........................................ 75
                c) Der Anspruch auf die etwaige Vertragsstrafe ......... 76
                d) Die bei Schlechterfüllung im Kaufvertrag zugunsten Dritter entstehenden Käuferbefugnisse .............. 76
                    aa) Schadensersatzanspruch wegen Nichterfüllung (§§ 463, 480 Abs. 2 BGB) und Nachlieferungsrecht (§ 480 Abs. 1 BGB) .............................. 77
                    bb) Wandelung .......................................... 78
                    cc) Minderung .......................................... 79
                e) Kündigung ............................................ 80
        B. Im Falle der Alleinberechtigung des Dritten ............... 81
    II. Im Bereich eines übererfüllungsmäßigen Interesses .......... 87
    III. Mitwirkendes Verschulden auf der Gläubigerseite des Vertrags zugunsten Dritter .......................................... 88
        A. Mitverursachung und Mitverschulden des Versprechensempfängers bei der Herbeiführung des Drittschadens .......... 88
        B. Mitverursachung und Mitverschulden des Dritten bei der Herbeiführung des Schadens des Versprechensempfängers .. 89

§ 9. Beim Vertrag mit Schutzwirkung für Dritte ..................... 90

**Literaturverzeichnis** .................................................. 94

# Verzeichnis der Abkürzungen

| | | |
|---|---|---|
| AcP | = | Archiv für die zivilistische Praxis |
| BGB | = | Bürgerliches Gesetzbuch |
| BGH | = | Bundesgerichtshof |
| BGHZ | = | Entscheidungen des Bundesgerichtshofs in Zivilsachen |
| ERMAK | = | Kommentar zum griechischen Zivilgesetzbuch (griechisch) |
| Festschr. JT | = | Festschrift zum hundertjährigen Bestehen des Deutschen Juristentages, 1960 |
| GrünhutsZ | = | Grünhuts Zeitschrift für das Privat- und Öffentliche Recht der Gegenwart |
| JBl | = | Juristische Blätter |
| JherJb. | = | Jherings Jahrbücher für die Dogmatik des Bürgerlichen Rechts |
| JuS | = | Juristische Schulung |
| JW | = | Juristische Wochenschrift |
| JZ | = | Juristenzeitung |
| KrVJSch | = | Kritische Vierteljahresschrift für Gesetzgebung und Rechtswissenschaft |
| LeipzZ | = | Leipziger Zeitschrift für Deutsches Recht |
| LM | = | Lindenmaier - Möhring, Nachschlagewerk des Bundesgerichtshofs |
| MDR | = | Monatsschrift für Deutsches Recht |
| Mot. | = | Motive zum Entwurf des BGB |
| NJW | = | Neue Juristische Wochenschrift |
| Prot. | = | Protokolle der 2. Kommission zum Entwurf des BGB |
| RG | = | Reichsgericht |
| RGRK | = | Kommentar der Reichsgerichtsräte |
| RGZ | = | Entscheidungen des Reichsgerichts in Zivilsachen |
| VersR | = | Versicherungsrecht |
| VVG | = | Gesetz über den Versicherungsvertrag |
| ZBernJV | = | Zeitschrift des Bernischen Juristenvereins |
| ZHR | = | Zeitschrift für das gesamte Handelsrecht |

*Erster Teil*

# Einführung in den vorliegenden Untersuchungsgegenstand

## § 1. Der Vertrag zugunsten Dritter und die positiven Vertragsverletzungen als Emanationen der Erweiterung des Begriffs und der Veränderung des Charakters des Schuldverhältnisses im modernen Recht

Im modernen Recht hat das Schuldverhältnis den Charakter des engen römischen „vinculum juris" zwischen nur zwei Personen, Schuldner und Gläubiger der Hauptleistung, definitiv abgelegt[1]. Unabweisbare Verkehrsbedürfnisse haben in der Neuzeit die enge dogmatische Auffassung über den Begriff und die Wirkungen des Schuldverhältnisses tief erschüttert und die Entwicklung gewisser vertraglicher Figuren notwendig gemacht, die durch die Einbeziehung dritter Personen in die vertragliche Regelung geeignet sind, zu der Vereinfachung von Vermögensverschiebungen beizutragen. Das Institut des Vertrags zugunsten Dritter, das in der Praxis eine zentrale Bedeutung erlangt hat, stellt ein typisches Produkt dieser dogmatischen Entwicklung dar[2].

Parallel hat die Einführung des „ethischen Rhythmus" in das moderne Schuldrecht — man denke insbesondere an den das ganze Recht durchlaufenden Grundsatz von Treu und Glauben (§ 242 BGB) — zu der inhaltlichen Erweiterung des Schuldverhältnisses geführt[3]. Neben der Hauptleistungspflicht (oder -pflichten) entstehen nunmehr für alle am Schuldverhältnis Beteiligten verschiedene Nebenpflichten (Nebenleistungspflichten und Schutzpflichten[4]), durch deren Erfüllung das Funktionieren des gesamten Schuldverhältnisses im Raum einer „verfeinerten

---

[1] Die prinzipielle Unzulässigkeit der „pacta in favorem tertii" als Folge der Auffassung des Schuldverhältnisses als „vinculum juris" drückte im klassischen Römischen Recht bekanntlich das Dogma „alteri stipulari nemo potest" aus. Dazu vgl. Mot. II S. 265 ff.; *Wesenberg*, S. 6 ff.; *Gareis*, S. 51 ff.

[2] Mit der Einsicht, daß durch den VzugD willkommene sozialwirtschaftliche Ergebnisse erreicht werden können, hat das Bestreben nach einer Ausdehnung des Anwendungsbereichs des VzugD auch auf andere Rechtsgebiete — außerhalb des Schuldrechts — eingesetzt. Mit besonderer Intensität wird das Problem der Wirksamkeit des VzugsD im Sachenrecht diskutiert. Vgl. *Wolff/Raiser*, § 38 II 3; *Westermann*. § 3 II 4; *Baur*, § 5 II 2.

[3] Vgl. *Zepos* I, § 2 I 2.

[4] Kataloge von Nebenpflichten s. etwa bei *Staudinger/Weber*, Anm. A 775 zu § 242; *Soergel/Siebert/Knopp*, Randnr. 112 ff. zu § 242.

Vertragsethik" entsprechend den Anforderungen des heutigen Verkehrslebens erreicht wird[5]. Vorwiegend mit der Verletzung dieser Nebenpflichten ist die Lehre über die positiven Vertragsverletzungen (Schlechterfüllung) verknüpft[6].

Den Schnittpunkt beider erwähnten Rechtserscheinungen schließlich bildet das neuentwickelte Institut des „Vertrags mit Schutzwirkung für Dritte"[7], ein jurisprudentielles Erzeugnis der wegen der strukturellen Veränderung der Verkehrswirtschaft mehr und mehr zunehmenden Sozialwirkung des Schuldverhältnisses[8] und der daraus sich erklärenden Tendenz zur „Verschiebung der vom Gesetz gezogenen Grenze zwischen Delikts- und Vertragshaftung zugunsten der letzteren"[9].

## § 2. Problemstellung und Methode

Der Vertrag zugunsten Dritter und die positiven Vertragsverletzungen (im folgenden präziser „Schlechterfüllung" genannt)[10] sind die zwei Pole, zwischen denen sich die vorliegende Arbeit bewegt, und zwar in dem Sinne, daß gerade die durch Schlechterfüllung auf der Seite des Schuldners (Versprechenden) innerhalb des Vertrags zugunsten Dritter ausgelösten Rechtswirkungen zu untersuchen sind. Es wird also nicht das Vorhandensein der Tatbestandsmerkmale der Schlechterfüllung bei einem Vertrag zugunsten Dritter geprüft. Das Hauptgewicht unserer Untersuchungen fällt folglich auf den Vertrag zugunsten Dritter[11].

Hierbei ist noch zu beachten, daß — abgesehen von der Rechtsfigur des Vertrags mit Schutzwirkung für Dritte, nach dessen Sinn die Entstehung des (Schadensersatz-)Rechts des Dritten mit der Verletzung mei-

---

[5] In der neueren zivilistischen Dogmatik werden diese Nebenpflichten durch die Theorien über das Schuldverhältnis als „Organismus" (*Planck/Siber*, Vorb. 1 1b und *Siber*, Schuldrecht § 1 I I), „Gefüge" (*Larenz* I, § 2V) oder „μορφή" („Gestalt") (*Zepos* I, § 8 I 3 und AcP 155, 486) erfaßt. Den besonderen Wert dieses „Strukturbegriffes" des Schuldverhältnisses für die theoretische Bewältigung vieler juristischer Phänomene hat *Larenz* gezeigt (JZ 1962, 108 - 109).

[6] *Staudinger/Weber*, Anm. A 774 zu § 242; *Zepos* I, § 32 I 2. Dies dürfte indessen nicht dazu irreführen, anzunehmen, daß sich die pVV nur in den Verletzungen von Nebenpflichten erschöpfen; vgl. *Jakobs*, S. 59; darauf macht *Fikentscher* (§ 42 III und § 47 III) aufmerksam; vgl. auch *Ernst Wolf*, AcP 153, 113; *Blomeyer*, § 30 I.

[7] Vgl. *Bydlinski*, JBl 1960, 359; der Terminus ist von *Larenz* (s. I, § 17 II; NJW 1956, 1193 ff.) geprägt.

[8] Vgl. *Gernhuber*, Festschrift für Nikisch, 1958, S. 249 - 250; *ders.*, Karlsruher Forum 1963, S. 2.

[9] *Larenz*, Methodenlehre, 2. Aufl. S. 384.

[10] s. unten, § 3 I.

[11] Darauf folgt die Notwendigkeit zur bewußt knappen Argumentation hinsichtlich der Schlechterfüllung.

stens einer vertraglichen Schutzpflicht seitens des Vertragsschuldners zusammengewoben ist —[12] die Schlechterfüllung tatbestandsmäßig keine Besonderheit beim Vertrag zugunsten Dritter aufweist.

Folgende Fälle mögen als Musterbeispiele dienen:

a) Bei dem Abschluß eines Leihvertrages zwischen VE (Verleiher) und V (Entleiher) wurde die Pflicht des V zur Rückgabe des verliehenen Rassehundes zugunsten des D vereinbart. Infolge Verschuldens des V erkrankt der Hund an einer ansteckenden Krankheit. Der D erhält den kranken Hund, der andere Hunde des D ansteckt.

b) Der VE (Käufer) schließt mit dem V (Verkäufer) einen Kaufvertrag über eine Maschine zugunsten des D ab. Die Maschine wird dem D ohne Gebrauchsanweisung vom V geliefert. Durch den nichtordnungsgemäßen — infolge der fehlenden Gebrauchsanweisung — Gebrauch der Maschine in der Fabrik des D entstehen ihm Sachschäden.

c) Im obigen Beispiel beschädigt der V schuldhaft die Maschine nach dem Vertragsschluß und vor deren Lieferung an den D, so daß dem D die Maschine mangelhaft geliefert wird. Der D erleidet durch den Einsatz der fehlerhaften Maschine in seiner Fabrik Brandschäden.

d) Mit dem Gärtner G (V) hat der A (VE) einen Vertrag zugunsten seiner Kusine D abgeschlossen, nach dem G verpflichtet ist, Gartenarbeit in der Villa der D zu leisten. G erfüllt seine Vertragspflichten dadurch schlecht, daß er oft aus Unachtsamkeit Schäden im Garten und in der Wohnung der D verursacht.

Bei all diesen Fällen fragt es sich, wem die Schadensersatzrechte und die potentiellen Gestaltungsbefugnisse zustehen.

### I. Das Problem

Die Quelle der hierbei entstehenden Problematik, deren Relevanz sich insbesondere beim gegenseitigen Vertrag zugunsten Dritter zeigt, ist einmal in der eigentümlichen Rechtsnatur des Vertrages zugunsten Dritter als zweigliedriger Vertrag[13], zum anderen in dessen spärlicher Regelung im Gesetz (§§ 328 - 355 BGB) zu suchen.

In einem einseitigen Vertrag zugunsten Dritter entstehen bei Schlechterfüllung seitens des Versprechenden nicht die hier zu behandelnden Gestaltungsrechte (Rücktritts- und Kündigungsrecht). Dies und das mangels einer Gegenleistungspflicht relativ geringe Interesse des Versprechensempfängers an der infolge der Schlechterfüllung nötig gewordenen

---

[12] s. unten, § 4 III.
[13] Vgl. *Ehrenzweig*, S. 22.

Neuregelung machen die Schlechterfüllung bei einem einseitigen Vertrag zugunsten Dritter fast unproblematisch.

Durch das Vorhandensein einer Verpflichtung des Versprechungsempfängers zur Gegenleistung im gegenseitigen Vertrag zugunsten Dritter bekommt hingegen die Interessenkonstellation bei ihm eine andere Gestalt. Ihr rechtliches Schicksal wird wegen des Synallagmas durch die Schlechterfüllung der Leistung (des Versprechenden) beeinflußt und ist mithin bei dem Zusammenspiel der Interessen aller am Vertrag zugunsten Dritter Beteiligten mit zu berücksichtigen[14]. Hier wird die Spaltung der Parteirolle, die die Eigenart des Instituts ausmacht, aktuell[15]. Denn die bei Schlechterfüllung analog anzuwendenden Vorschriften der §§ 325, 326 BGB[16] sind auf dem Normaltypus des gegenseitigen Vertrages zugeschnitten, bei dem nämlich der Gläubiger der Leistung im Sinne, daß er deren Bewirkung an sich selbst verlangen kann, Schuldner der Gegenleistung ist. Die direkte Anwendung dieser Bestimmungen auf die in dieser Hinsicht atypische Gestaltung des Vertrags zugunsten Dritter bereitet daher erhebliche Schwierigkeiten.

Das Problem erscheint in einem gegenseitigen Vertrag zugunsten Dritter in zwei Formen. Zunächst läßt die Besonderheit der Rechtsstellung des Dritten als nicht am Vertragsschluß teilnehmender Gläubiger die spezielle Frage auftauchen, ob dem Dritten die Möglichkeit einer rechtsgestaltenden Einwirkung auf den von anderen abgeschlossenen Vertrag zu seinen Gunsten zuzugestehen ist. Andererseits stellt sich durch die Existenz zweier Personen auf der Gläubigerseite mit verschiedenen Rechtspositionen und Interessen, die gerade im Falle der nicht ordnungsgemäßen Abwicklung des Vertrags kollidieren können, das allgemeine Problem der jeweils sich gestaltenden Relation der manigfaltigen Gläubigerbefugnisse zueinander.

Es fragt sich nämlich, welche der bei Schlechterfüllung resultierenden Rechtsbehelfe und unter welchen Voraussetzungen diese dem Versprechensempfänger oder dem Dritten zustehen bzw. wann ein Zusammenwirken beider zu der rechtlichen Neuordnung erforderlich ist. Im letzten Fall, in welcher gesetzestechnischer Form die Ausübung dieser „Mitzuständigkeit"[17] zu erfolgen habe.

Der gesamten Problematik hat das Gesetz keine Rechnung getragen. Die positiv-rechtliche Normierung des Vertrages zugunsten Dritter (§§ 328 - 335 BGB) stellt für alle Rechtswirkungen des Vertrages überwie-

---

[14] Vgl. *Hadding*, AcP 171, 407.
[15] *Ehrenzweig*, S. 107 - 108.
[16] s. unten, § 3 II.
[17] Vgl. *Thiele*, Die Zustimmungen in der Lehre vom Rechtsgeschäft, S. 124 ff., s. auch unten, § 8 I A 2 a).

§ 2. Problemstellung und Methode

gend auf den Parteiwillen ab (§ 328 Abs. 2 BGB)[18] und begnügt sich im übrigen mit der Anordnung der Zulässigkeit des Institutes und der Aufstellung einiger Auslegungsregeln für einzelne Tatbestände (§§ 329, 330, 331 BGB), sowie mit dem Ausdruck gewisser Leitgedanken (§§ 333, 334 BGB). Die harmonische Einordnung des Institutes in seinen einzelnen Auswirkungen in das System des BGB hat der Gesetzgeber der Theorie und Praxis anheimgegeben[19].

Aus dem Gesamtzusammenhang des Gesetzes ergibt sich also ohne besondere Schwierigkeiten die Regelungsbedürftigkeit der unsere Problematik bildenden Konfliktsfragen, was die Existenz einer Lücke im Gesetz bedeutet[20]. Die nähere Bestimmung der Art der hierbei vorliegenden Lücke spielt weder praktisch noch methodologisch eine maßgebliche Rolle[21], da jedes Verfahren bei der Lückenergänzung „einen Vorgang wertenden Denkens" darstellt[22].

### II. Die Methode

Dieser Problematik gegenüber hat sich die vorherrschende Lehre jahrzehntelang auf einen formell-systematischen Standpunkt gestellt[23]. Sie geht davon aus, der Versprechensempfänger habe den Vertrag zugunsten Dritter abgeschlossen, allein er sei Vertragspartei, ihm nur müsse die Möglichkeit überlassen sein, im Falle der Leistungsstörungen seitens des Versprechenden den Vertrag umgestalten oder auflösen zu können. Dem Dritten können, da er keine Vertragspartei sei, solche Befugnisse nicht zukommen.

Anerkannt wird zwar, daß auch der Dritte durch die Ausübung der Gläubigerrechte in seiner Rechtssphäre mitbetroffen ist, so daß sie

---

[18] Besonders unter dem Einfluß von *Windscheid*, § 316; vgl. *Wesenberg*, S. 129 ff.
[19] Vgl. *v. Thur*, KrVJSch 3. Folge Bd. 7, S. 542; auch *Griesche*, S. 15.
[20] Vgl. *Esser*, Vorverständnis und Methodenwahl in der Rechtsfindung, S. 177 ff., der die Feststellung der Ordnungsbedürftigkeit des betreffenden Konflikts von dessen „Vorverständnis" abhängig macht; zur Lücke als „planwidrige Unvollständigkeit" des Gesetzes vgl. *Canaris*, Die Feststellung von Lücken im Gesetz, S. 39; *Larenz*, Methodenlehre, 3. Aufl., S. 358; *Coing*, Grundzüge der Rechtsphilosophie, S. 340.
[21] *Esser*, Vorverständnis ..., S. 184. Wollte man die Art dieser Lücke genauer bestimmen, so könnte man sie mit Leichtigkeit als „Regelungslücke" im Sinne von *Larenz* (Methodenlehre, S. 354 ff.) bezeichnen; vgl. auch *Canaris*, Die Feststellung von Lücken im Gesetz, S. 60 u. S. 137. Nicht ohne Schwierigkeiten würde sich hingegen als Anordnungs- oder Rechtsverweigerungslücke einer der drei von *Canaris* (Die Feststellung von Lücken im Gesetz, S. 139 ff.) nach dem Maßstab der Lückenfeststellung aufgestellten Lückengruppen zuordnen lassen.
[22] Vgl. *Esser*, Vorverständnis ..., S. 177 ff.; ders., Grundsatz und Norm, S. 252; *Larenz*, Methodenlehre, S. 366 ff.; *Coing*, S. 340.
[23] Zu den einzelnen Fragen s. unten, § 8 I A 2.

grundsätzlich von einem Zustimmungsrecht des Dritten abhängig gemacht wird[24]. Darauf aber, wie die beteiligten Interessen in diesem Dreiecksverhältnis jeweils gelagert sind und sie die allgemein anerkannten Lösungen gerechtfertigt erscheinen lassen, nimmt die h. M. keine Rücksicht. Darüber hinaus hält sie an der scharfen Trennung der einzelnen dabei in Betracht kommenden Verhältnisse der Beteiligten zueinander in der Weise fest, daß sie die sozialwirtschaftliche Funktion und die Dreieckstruktur des Instituts nicht hinreichend berücksichtigt. Mit dieser Betrachtungsweise gelingt es ihr nicht immer, zu der Sachlage entsprechenden Ergebnissen zu gelangen.

Nach diesem „Schrifttumsstillstand" war es Heinrich Lange[25], der eine neue — die strukturelle Besonderheit des Instituts berücksichtigende und auf der Analyse der Interessenlage basierende — Untersuchungsmethode in die Doktrin des Vertrags zugunsten Dritter eingeführt hat. Die Lösungen jedoch, die er vorgeschlagen hat (sein Zögern ist dabei spürbar[26]), können nicht als völlig befriedigend angesehen werden, obwohl sie zweifelsfrei einen Fortschritt darstellen und Anlaß zu dem heute unter manchen Autoren lebendigen Bestreben gegeben haben, die Rechtsposition des Dritten im Hinblick auf Leistungsstörungen wesentlich zu verstärken[27]. Denn auch er hat zwei relevante Gesichtspunkte außer acht gelassen. Es handelt sich nämlich um die Zumutbarkeitsgrenze gegenüber dem Versprechenden und die u. E. notwendige Differenzierung zwischen dem Fall der Alleinberechtigung des Dritten und dem der konkurrierenden Berechtigung des Versprechensempfängers (§ 335 BGB)[28].

Wir bewegen uns grundsätzlich in der gleichen Richtung. Diese Methode wird aber tunlichst zu vervollständigen sein, indem die oben erwähnten signifikanten Aspekte in die vorliegende Untersuchung eingeführt werden; es wird also hier versucht, die im Vertrag zugunsten Dritter hineinspielenden typischen Interessen zu analysieren und deren, den positivrechtlichen Vorschriften zugrundeliegende, gesetzliche Bewertung sichtbar zu machen[29].

---

[24] Vgl. aber *Schollmeyer*, Bem. 1 b zu § 335; neuerdings auch *Grunsky*, § 1 II 1, in Athenäum — Zivilrecht I, S. 623 ff.

[25] NJW 1965, 657 ff.

[26] Wie zu zeigen sein wird, reicht nach ihm die Rechtsmacht des Dritten nie bis zur völlig selbständigen Geltendmachung der Gestaltungsrechte; vgl. *H. Lange*, NJW 1965, 662.

[27] Vgl. *Esser* I, § 53 II; *Hadding*, AcP 171, 403 ff.; *ders.*, Der Bereicherungsausgleich beim Vertrag zu Rechten Dritter, S. 72; *Ruppert*, S. 4 und S. 34 - 35.

[28] Dazu s. unten, insbesondere § 6 III.

[29] Die Betrachtung der Interessen nicht als facta im Sinne der „genetischen Interessentheorie" *Hecks* (vgl. Begriffsbildung und Interessenjurisprudenz, S. 72 ff.; auch *Larenz*, Methodenlehre, 3. Aufl., S. 53 ff.), sondern als gesetzliche Wertungen macht das Wesen der „Wertungsjurisprudenz" aus; zur Wendung

## § 2. Problemstellung und Methode

Darüber hinaus wird angestrebt, durch funktionelle Betrachtung des Instituts, die strenge Scheidung der innerhalb des Vertrages zugunsten Dritter entstehenden drei Verhältnisse möglichst aufzulockern und den gesamten Vertrag als eine einheitliche Rechtserscheinung zu fassen, wobei sich jede rechtliche Veränderung in einem der Verhältnisse grundsätzlich auch auf die anderen auswirkt. Nur dadurch vermag man u. E. nicht nur zur Präzisierung der Problematik, sondern auch zu sachgerechten und praktikablen Lösungen zu gelangen, die den Erwartungshorizonten aller an der vertraglichen Regelung Beteiligten genug Rechnung tragen werden.

Entsprechend dieser methodologischen Richtung erhält unsere Untersuchung einen problemorientierten Charakter[30], in dem Sinne, daß sie bei Verzicht auf abstrakt-begriffliche Ableitungszusammenhänge[31], an Hand heuristisch vermittelten Gesichtspunkte (Topoi) auf die Sachgerechtigkeit der konkreten Problemlösung abzielt[32].

Es wird indessen nicht aus irgendwelchen, zufälligen „εὔδοξα" geschlossen, sondern nur solche Topoi werden herangezogen, die sich auf das innere System[33] unserer Rechtsordnung — namentlich auf das bereits in das positive Recht einverleibte und weithin „justiziabel" gemachte Vertrauensprinzip[34] — zurückführen lassen[35]. Insoweit stellt sich unsere methodologische Betrachtung als eine Verbindung von Problem- und Systemdenken dar[36].

---

der älteren Interessenjurisprudenz zur Wertungsjurisprudenz s. *Larenz*, Methodenlehre, S. 128 ff., auch S. 192 ff.

[30] Dazu, daß das Interesse ein echter Topos ist, vgl. *Esser*, Grundsatz und Norm, S. 48; *Viehweg*, S. 95. *Canaris* (Systemdenken und Systembegriff in der Jurisprudenz, S. 38) sieht die Stärke der Interessenjurisprudenz gerade in der „Erörterung des Einzelproblems".

[31] Über den Orientierungswert allein des abstrakt-begrifflichen Systems heutzutage vgl. *Larenz*, Methodenlehre, S. 155; zu diesem Zweck vgl. auch die sog. „Topik erster Stufe" bei *Viehweg*, S. 35.

[32] Zu der Topik als „Problemdenken" vgl. *Viehweg*, S. 31 ff., S. 97; *Esser*, Grundsatz und Norm, S. 44 ff.; *ders.*, Vorverständnis und Methodenwahl in der Rechtsfindung, S. 158 ff.; *Coing*, S. 342 ff.; als ars inveniendi, die nach Prämissen sucht vgl. *Viehweg*, S. 39 und S. 115; *Esser*, Vorverständnis ..., S. 154 ff.; kritisch der Topik gegenüber *Diederichsen*, NJW 1966, 697 ff.; *Canaris*, Systemdenken ..., S. 135 ff.; *Flume*, § 161 c).

[33] Vgl. *Canaris*, Systemdenken ..., insb. S. 47; *Larenz*, Methodenlehre, S. 458 ff.

[34] Vgl. *Eichler*, die Rechtslehre von Vertrauen, S. 8; *Esser*, Grundsatz und Norm, S. 89; zum Vertrauensprinzip als anerkannter Topos vgl. *Viehweg*, S. 104; vgl. aber auch *Canaris*, Die Vertrauenshaftung ..., S. 3.

[35] Vgl. *Larenz*, Methodenlehre, S. 474; die orthodoxe Topik stützt hingegen die Legitimierung seiner Prämissen nur auf „die Annahme des Gesprächspartners" (so *Viehweg*, S. 42); vgl. dazu *Canaris*, Systemdenken ..., S. 141 - 142.

[36] Zu der Verbindung beider Denkweisen vgl. *Larenz*, Methodenlehre, S. 474; *Canaris*, Die Feststellung von Lücken im Gesetz, S. 107 - 108 Fußn. 172; *ders.*, Systemdenken ..., S. 151 ff.; auch VersR 1965, 116.

Nach einer kurzen Skizzierung der Schlechterfüllung und des Vertrags zugunsten Dritter, die für die Klarstellung der Problematik nötig ist, wird (in einem 2. Teil) der Mechanismus des Vertrags zugunsten Dritter funktionell und interessengemäß näher geprüft und dadurch die Gewinnung der Basis angestrebt, auf der die anschließend (3. Teil) entwickelten Lösungsvorschläge gestützt werden.

### § 3. Die Schlechterfüllung im allgemeinen

Es ist Staubs[37] Verdienst, die Gesetzeslücke — die im Hinblick auf die „Schlechterfüllung" unvermeidlich in all denjenigen Rechten entsteht, die einen allgemeinen Tatbestand der Leistungsstörungen[38] seitens des Schuldners nicht kennen, sondern dem Zweiteilungssystem in Unmöglichkeit und Schuldnerverzug folgen — aufgedeckt und grundlegend den richtigen Weg zu ihrer Ausfüllung gewiesen zu haben[39]. Die Lehre der positiven Vertragsverletzungen, verknüpft in erster Linie mit den vertraglichen Nebenpflichten, hat zu wertvollen Erkenntnissen hinsichtlich des Vertragsinhalts geführt und — abgeklärt durch die lebhafte Kritik, die sie mittlerweile erfahren hat[40] — vermag sie heute den Bedürfnissen des Rechtslebens hinreichend gerecht zu werden.

Abgesehen von der Frage der Rechtsnatur der im § 276 Abs. 1 Satz 1 BGB enthaltenen Norm, ob sie nämlich bei Pflichtverletzungen nur den Haftungsmaßstab und nicht den Haftungsgrund ergibt[41] oder die Struktur eines vollständigen Rechtssatzes mit Tatbestand und Rechtsfolgenanordnung — allerdings in der Form einer Blankettnorm — hat[42], wird heute gewohnheitsrechtlich[43] der allgemeine Grundsatz anerkannt, daß jede vom Schuldner zu vertretende Verletzung einer Vertragspflicht, die für den Gläubiger einen Schaden herbeiführt, den Schuldner zum Schadensersatz verpflichtet und bei gegenseitigen Verträgen weitere Gläubigerrechte auslöst. Diese Rechte bestimmen sich ihrem Inhalt nach durch

---

[37] *Staub*, Die positiven Vertragsverletzungen, 1904.

[38] Zum Begriff vgl. *Heinrich Stoll*, Die Lehre von den Leistungsstörungen, S. 13; *Erman/Battes*, Rdz. 1 vor §§ 275 - 292.

[39] Das Vorliegen einer Regelungslücke im Gesetz verneinen nur *Himmelschein*, AcP 135, 255 ff.; 158, 273 ff. und ihm folgend *Wicher*, AcP 158, 297 ff.

[40] Vgl. *Lehmann*, AcP 96, 60 ff.; *Zitelmann*, S. 269 f., *Himmelschein*, AcP 135, 255, insb. 308 ff.; *Heinrich Stoll*, AcP 136, 257 ff.

[41] So die heute nahezu allgemeine Meinung; vgl. etwa *Staub*, S. 7; *Lehmann*, AcP 96, 82; *Heck*, AcP 137, 259 ff.; *Leonhard*, § 281; *Wilde* in RGRK Anm. 2 zu § 326; *Fikentscher*, § 42 II; *Freitag*, S. 44; *Jakobs*, S. 21, BGHZ 11, 80.

[42] So *Himmelschein*, AcP 135, 271 ff.; 158, 284; *Wicher*, AcP 158, 297 ff.; vgl. auch *Heinrich Stoll*, AcP 136, 281.

[43] So die heute h. M. vgl. etwa *Soergel/Siebert/Schmidt*, Randnr. 37 vor § 275; *Leonhard*, § 281; *Larenz* I, § 24 I; *Koepcke*, S. 133 ff.; dagegen *Jakobs*, S. 15 - 16 Fußn. 10.

## I. Zur Bildung eines einheitlichen Tatbestandes

Unter den terminologisch genaueren Ausdruck „Schlechterfüllung" fassen wir im Rahmen der vorliegenden Untersuchung all diejenigen Sachverhalte, die, ohne sich unter die gesetzlich normierten Sondertatbestände der Unmöglichkeit der Leistung und des Schuldnerverzugs subsumieren zu lassen, in einer von dem Schuldner zu vertretenden Verletzung einer Vertragspflicht bestehen[45]. Hierbei ist als Vertragspflicht alles, was nach dem Vertragsinhalt von dem Schuldner verlangt werden kann, zu verstehen, folglich alle Haupt- und Nebenpflichten (Nebenleistungs- und Schutzpflichten)[46].

Die gesamten Fälle der Schlechterfüllung werden auf einen einheitlichen — dritten — Tatbestand zurückgeführt, da alle Verbindlichkeiten deren Verletzung die Schlechterfüllung des Vertrages bildet, inhaltlich gleichartig (alle gehören zum Vertragsinhalt)[47] und rechtlich gleich zu behandeln sind (ihre schuldhafte Verletzung führt grundsätzlich zu den gleichen Rechtsfolgen: Schadensersatzrechte und Gestaltungsbefugnisse)[48]. Obwohl die Verletzung von Schutzpflichten unmittelbar nur das Schutzinteresse, die Verletzung der Leistungspflichten aber sowohl das Erfüllungsinteresse als auch das Schutzinteresse beeinträchtigen kann, ist dies ein Unterschied nur in quantitativer Hinsicht, der die Schaffung mehrerer Tatbestände nicht rechtfertigen dürfte. In diesem Sinne läßt sich die Schlechterfüllung von den zwei gesetzlich geformten Tatbeständen prinzipiell nicht unterscheiden. Eine Zusammenfassung der drei Tatbestände in einem einheitlichen System der Leistungsstörungen nach dem Prototyp Stolls wäre indessen de lege lata nicht angebracht[49].

Eine präzisierende Typisierung der Fälle der Schlechterfüllung ist nur insoweit brauchbar, als sie das richtige Verständnis des Wesens der

---

[44] BGHZ 11, 80.

[45] Seit *Zittelmann* hat sich der Terminus „Schlechterfüllung" genauso wie der der p.V.V. weithin eingebürgert; vgl. etwa *Oertmann*, § 280 III; *Enn./Lehmann*, § 55 I; *Fikentscher*, § 42 III, § 47; *v. Carolsfeld*, Festg. für Lübtow 1970, S. 667 ff.; *Neuenschwander*, S. 33 ff. In einem engeren Sinne wird die Schlechterfüllung als Verletzung der den Vertragstypus bestimmenden Hauptleistungspflicht verstanden; vgl. *Esser* I, § 52 VI; *Freitag*, S. 6 - 7, 62 - 63.

[46] BGHZ 11, 80.

[47] Vgl. *Fikentscher*, § 47; *Ernst Wolf*, AcP 153, 110 ff.; *Koepcke*, S. 66 - 67; *Neuenschwander*, S. 20, 33 ff.; vor allem RGZ 160, 310, 314; BGHZ 11, 80.

[48] Vgl. *Staudinger/Weber*, Anm. A 786 zu § 242; *Koepcke*, S. 131, 138 ff.

[49] *Heinrich Stoll*, Die Lehre von den Leistungsstörungen; ders., AcP 136, 285 ff.; vgl. *Enn./Lehmann*, § 55 I; *Koepcke*, S. 11 ff.

22  1. Teil: Einführung in den vorliegenden Untersuchungsgegenstand

Schlechterfüllung fördert[50]. Sie sollte jedoch nicht zur Bildung mehrerer Tatbestände mit jeweils unterschiedlichen Rechtsfolgen führen[51].

Nach einer anderen Richtung geht der Versuch von Canaris und Thiele, nämlich die Schutzpflichten aus dem vertraglichen Raum und mithin aus dem Tatbestand der Schlechterfüllung herauszulösen und mitsamt den Fällen der culpa in contrahendo und der Schutzpflichtverletzung gegenüber Dritter zu einem selbständigen und einheitlichen Institut, dem des „Schutzverhältnisses" zu erheben[52].

Diese Theorie des einheitlichen Schutzverhältnisses, zugeschnitten auf die nichtigen Verträge, bei denen sie sich tatsächlich fruchtbar erweist, vermag bei wirksam zum Ausdruck gekommenem rechtsgeschäftlichem Parteiwillen gewisse mit dieser Rechtsfigur in Zusammenhang stehende rechtliche Phänomene — deren Erklärung durch die Zurückführung der Schutzpflichten auf den Vertragsinhalt keine Schwierigkeiten bereitet — dogmatisch nicht zu bewältigen. Insoweit ist sie abzulehnen[53].

## II. Rechtsfolgen

Ist der Tatbestand der Schlechterfüllung verwirklicht, so ist danach stets zu prüfen, ob das Erfüllungsinteresse oder ein übererfüllungsmäßiges Interesse („Schutzinteresse", „Erhaltungsinteresse") verletzt worden ist[54]. Daß sich diese Differenzierung nicht nur für die Ermittlung des Umfanges des Schadensersatzanspruches des Gläubigers, sondern darüber hinaus vielfach als nutzbar darstellt (insbesondere bei der Bestimmung des Verhältnisses zwischen dem Schadensersatzanspruch wegen Verletzung des Schutzinteresses zu den innerhalb des Erfüllungsinterseses ent-

---

[50] Solche Bemühungen s. etwa bei *Koepcke,* Typen der positiven Vertragsverletzungen 1965; *Esser* I, § 52 VI.

[51] *Koepcke* weist auf die Gefahr der Willkürlichkeit hin, die solche Katalogisierungsversuche der Vertragspflichten mit sich bringen (S. 68).

[52] Vgl. *Canaris,* JZ 1965, 475 ff.; *Thiele,* JZ 1967, 649 ff.; ihnen folgend *Eike Schmidt,* Nachwort, S. 149; *Jakobs,* S. 40; vgl. auch den Begriff „Rahmenbeziehung" bei *Herholz,* AcP 130, 257 ff. *Heinrich Stoll* dagegen, der sein System der Leistungsstörungen auch auf das Diptychon: Leistungsinteresse-Schutzinteresse (entsprechend der Unterscheidung zwischen Leistungs- und Schutzpflichten) aufbaut (vgl. etwa AcP 136, 286 ff.), nimmt zwar an, die Schutzpflichten seien funktionell verschiedenartige Pflichten, ordnet deren Verletzung aber stets in den Tatbestand der Schlechterfüllung ein (vgl. etwa Die Lehre von den Leistungsstörungen, S. 28, AcP 136, 301).

[53] Kritisch gegen diese Theorie *Larenz* I, § 9 II und § 24 Ia; vgl. auch *Ernst Wolf,* AcP 153, 110 ff.; s. auch unten, § 4 III.

[54] Wie hier vgl. *Fikentscher,* § 47 III; umgekehrtes methodisches Vorgehen vgl. bei *Thiele,* JZ 1967, 650; die Termini „Schutzinteresse", „Erhaltungsinteresse" gehen entsprechend auf *Heinrich Stoll* (etwa AcP 136, 286 ff.) und *Esser* (I, § 52 VII) zurück.

§ 3. Die Schlechterfüllung im allgemeinen

stehenden Befugnissen — Gestaltungsrechte, Sachmängelrechte —) dürfte kaum bestritten werden[55].

Innerhalb des Erfüllungsinteresses — unbeschadet des Anspruchs des Gläubigers auf die Hauptleistung, soweit sie noch nicht erfüllt und immer noch erfüllbar ist — ist Ersatz des eigentlichen Schlechterfüllungsschadens zu leisten[56]. Wenn aber infolge der Schlechterfüllung das Interesse des Gläubigers auf die Erfüllung des Vertrages weggefallen ist oder ihm die Fortsetzung des Vertrages aus anderen Gründen nach Treu und Glauben nicht zugemutet werden kann, kann er nach analoger Anwendung des § 286 Abs. 2 BGB anstelle des Schadensersatzes wegen Schlechterfüllung die ganze Leistung ablehnen und Schadensersatz wegen Nichterfüllung verlangen.

Bei gegenseitigen Verträgen stehen dem vertragstreuen Gläubiger unter den genannten Voraussetzungen die Rechte aus §§ 325, 326 BGB zu. Er kann entweder Schadensersatz wegen Nichterfüllung verlangen oder vom Vertrag zurücktreten. Eine Fristsetzung in Analogie zu § 326 Abs. 2 ist hierbei nach einhelliger Meinung nicht erforderlich[57]. Handelt es sich um ein bereits in Vollzug gesetztes Dauerschuldverhältnis, so tritt an die Stelle des Rücktrittsrechts das Kündigungsrecht. Die Schlechterfüllung wird in diesem Fall stets einen wichtigen Grund zur außerordentlichen Kündigung darstellen[58]. Wegen der zu befürchtenden Schlechterfüllung steht dem Gläubiger grundsätzlich auch der Unterlassungsanspruch zu[59].

Im Bereich eines durch die Schlechterfüllung verletzten übererfüllungsmäßigen Interesses kann der Gläubiger den erlittenen Schaden (Begleitschaden)[60] ersetzt verlangen. Es handelt sich hier um die vertragsmäßige Behandlung eines grundsätzlich deliktischen Raums kraft Gewohnheitsrechts[61]. Hierbei ist zu bemerken, daß es für die rechtliche Handhabung dieses Anspruchs belanglos ist, ob dessen Entstehungsursache in der Verletzung einer Vertragspflicht — wie sie mit der wohl h. M. bei rechtswirksamen Verträgen anzunehmen ist — oder in der Verletzung einer „gesetzlichen Schutzpflicht" liegt, die ihren Rechtsgrund in der bei einer geschäftlichen Sonderverbindung der Parteien be-

---

[55] Vgl. *Heinrich Stoll*, AcP 136, 286 ff.; *Fikentscher*, § 47 III; gegen eine scharfe Abgrenzung *Medicus*, Festschr. für Kern 1968, S. 330; vgl. auch *v. Carolsfeld*, Festg. für Lübtow 1970, S. 670.
[56] Zum Begriff vgl. *Fikentscher*, § 47 III; auch *Jakobs*, S. 59.
[57] So BGHZ 11, 80 und die einhellige Meinung im Schrifttum.
[58] *Larenz* I, § 24 I und § 26 d; *Erman/Battes*, Rdz. 103 zu § 276.
[59] *Esser* I, § 52 VII; zu dem „Unterlassungsanspruch ohne vorgängige Beeinträchtigung" sowie zu der Natur dieser Befugnis als materiellrechtlicher Anspruch vgl. *Baur*, JZ 1966, 381 ff.
[60] *Leonard*, § 281.
[61] Vgl. *Fikentscher*, § 47 III; *Thiele*, JZ 1967, 649.

stehenden besonderen Einwirkungsmöglichkeit in die Rechtsgütersphäre des anderen und mithin in dem stärkeren Schutzbedürfnis findet[62].

Ist jedoch der Vertrag nichtig bzw. wirksam angefochten, so entfaltet — wie es zu zeigen sein wird — das o. erwähnte Institut des gesetzlichen „Schutzverhältnisses" eine „komplementär-subsidiäre Wirkung" zur Rettung gerade dieses Schadensersatzanspruchs, der folglich von der Nichtigkeit bzw. Anfechtung des Vertrages unberührt bleibt[63]. Seine Anspruchsgrundlage bildet dann genau dieser gesetzliche Tatbestand der „Schutzpflichtverletzung". Übrigens tritt dieser Schadensersatzanspruch neben die im Beriech des Erfüllungsinteresses entstehenden Gläubigerrechte.

## § 4. Der Vertrag zugunsten Dritter, insbesondere die Vertragstypen

Vom Terminus „Vertrag zugunsten Dritter" wird heute in der zivilrechtlichen Doktrin — nach einer gewissen dogmatischen Klärung des Instituts durch seine positiv-rechtliche Ausgestaltung im BGB — zweifach Gebrauch gemacht[64]. Einmal versteht man, in einem weiteren Sinne, darunter jeden Vertrag, nach dessen Inhalt eine vertragliche Wirkung zugunsten eines am Vertragsschluß rechtsgeschäftlich nicht beteiligten Dritten eintreten soll. Dazu gehören, über den echten Vertrag zugunsten Dritter hinaus, auch der unechte Vertrag zugunsten Dritter, der Vertrag mit Schutzwirkung für Dritte, Verfügungsverträge, Erbverträge, Optionsverträge zugunsten Dritter[65] und andere dogmatisch verwandte Vertragsfiguren.

Für die Zwecke unserer Untersuchung kommt es aber hauptsächlich auf den Vertrag zugunsten Dritter im engeren Sinne, d. h. den echten Vertrag zugunsten Dritter an, bei dem der Parteiwille derart gestaltet wird, daß eine dritte Person unmittelbar und automatisch das Recht auf eine Primärleistung erwirbt[66]. Dabei verstehen wir unter „unmittelbar"

---

[62] Vgl. *Heinrich Stoll*, Die Lehre von den Leistungsstörungen, S. 28; *Canaris*, JZ 1965, 476; *Thiele*, JZ 1967, 650; auch *Esser* I, § 52 VII.

[63] Vgl. *Esser* I, § 52 VII; *Heinrich Stoll*, Die Lehre von den Leistungsstörungen, S. 10 - 11, 29; auch *Koepcke*, S. 136, 137; *Neuenschwander*, S. 20; dagegen *Ernst Wolf*, AcP 153, 113 ff.

[64] In der Theorie des gemeinen Rechts versteht man als VzugD meistens nur den echten VzugD und erfaßt ihn als Unterart des Gattungsbegriffs „Vertrag auf Leistung an einen Dritten"; vgl. etwa *Windscheid*, § 316; *Regelsberger*, AcP 67, 2 ff.; *Unger*, JherJb. 10, 61; ferner die Überschrift der §§ 328 ff. BGB; dazu auch Prot. I, S. 572.

[65] Vgl. *Kress*, § 25 1g; *Schmalzel*, AcP 164, 448.

[66] Insoweit ist der für den echten VzugD vorgeschlagene Ausdruck „Vertrag zu Rechten Dritter" treffend; vgl. *Leonhard*, § 168; *Gast*, S. 12; *Hadding*, Der Bereicherungsausgleich beim Vertrag zu Rechten Dritter.

§ 4. Der Vertrag zugunsten Dritter, insbesondere die Vertragstypen

den Rechtserwerb des Dritten ohne Durchgang des Rechts — auch nicht für eine „juristische Sekunde" — durch das Vermögen des Versprechensempfängers und unter „automatisch", den ohne jegliches rechtsgeschäftliches Zusammenwirken des Dritten erfolgenden Forderungserwerb[67].

Das BGB kennt grundsätzlich nur die Typen des echten und unechten Vertrags zugunsten Dritter. Darauf, welche Drittbegünstigungsform im konkreten Fall gelten soll, stellt das Gesetz ausschließlich auf den rechtsgeschäftlichen Parteiwillen ab. Eine allgemeine gesetzliche Auslegungsregel hierüber liegt nicht vor[68]. Fehlt es an einer besonderen vertraglichen Regelung, so ist aus den Umständen, insbesondere aus dem Zweck des einzelnen Vertrages, d. h. im Wege der ergänzenden Vertragsauslegung zu ermitteln, ob ein Forderungserwerb des Dritten dem Vertragsinhalt entspricht (§ 328 Abs. 2 BGB)[69]. Häufig wird die Auffassung vertreten, die Annahme eines echten Vertrags zugunsten Dritter liege näher, „wenn der Versprechensempfänger erkennbar ein Interesse daran hat, dem Dritten eine vom Belieben des Versprechenden unabhängige Rechtsposition einzuräumen, sei es, weil ihm eine Versorgung zugewandt oder sonst seine Lage verbessert werden soll"[70].

Da die besondere Problematik dieses Instituts vorwiegend bei dem echten Vertrag zugunsten Dritter auftaucht, bildet nur er den eigentlichen Gegenstand unserer Untersuchung. Allein aus Gründen einer systematisch vollständigeren Darstellung werden hierbei sowohl der unechte Vertrag zugunsten Dritter, wie auch die eng mit beiden Polen der vorliegenden Arbeit zusammenhängende Figur des Vertrags mit Schutzwirkung für Dritte mit einbezogen.

### I. Der unechte Vertrag zugunsten Dritter

Bei ihm geht der Parteiwille dahin, daß der Versprechende berechtigt und zugleich verpflichtet ist, die Leistung statt an den Versprechensempfänger an den Dritten zu bewirken, ohne daß aber der Dritte damit das Recht auf die Leistung erwirkt. Der Vertrag entfaltet folglich in diesem Fall seine Wirkungen nur zwischen den Kontrahenten.

---

[67] Vgl. *Esser* I, § 53 I 1; *Erman/Westermann*, Vorbem. 1 vor § 328, Bem. 1 zu § 333; *Ligeropoulos*, ERMAK, Bem. 17 ff. zum Art. 411; a. A. *Heck*, § 48, 6, § 50, 4. *Heilmann*, ZHR 113, 87; ders. (NJW 1968, 1853 ff.) und *Hoffmann* (AcP 158, 210 - 211) lehnen durchaus den originären Rechtserwerb des Dritten ab.
[68] Vgl. Mot. II, 269; Prot. I, 751, 753 - 755; a. M. *Hellwig*, S. 151.
[69] Zum Vertragszweck als „objektiver Maßstab" vgl. *Staudinger/Werner*, Bem. II 2 a zu § 328; *Staudinger/Kaduk*, Bem. 34 - 35 zu § 328; *Soergel/Siebert/ Schmidt*, § 328 Randnr. 2; *Wilde* in RGRK, Anm. 16 zu § 328; *Lorenz*, JZ 1960, 109; BGH LM Nr. 6 zu § 328.
[70] *Larenz* I, § 17 I a; vgl. auch *Planck/Siber*, Bem. 1b zu § 330; *Staudinger/ Kaduk*, Bem. 50 zu § 328; *Enn/Lehmann*, § 35 I 2.

Entgegen verschiedenen dogmatischen Konstruktionen, durch die die Rechtfertigung der Befreiung des Versprechenden durch die Bewirkung der Leistung an den Dritten angestrebt wird[71], wird heute — mit Rücksicht auf die Natur des Vertrags zugunsten Dritter als eines weitgehend auf dem Prinzip der Vertragsfreiheit aufgebauten Instituts — anerkannt, daß der wirkliche Befreiungsgrund allein darin liegt, daß gerade die Pflicht und die Befugnisse des Schuldners, die Leistung an den Dritten zu erbringen, den Inhalt des Schuldverhältnisses ausmacht[72].

Der unechte Vertrag zugunsten Dritter bereitet daher keine besonderen rechtlichen Schwierigkeiten, abgesehen davon, daß, wegen der „inhaltlichen Drittbezogenheit" der Hauptleistung, gewisse Schutzpflichten des Versprechenden gegenüber dem Dritten stets anzunehmen sein werden[73].

### II. Der echte Vertrag zugunsten Dritter

Diese Vertragsgestaltung wird durch den unmittelbaren und automatischen Rechtserwerb des Dritten gekennzeichnet. Darin liegt die Quelle der dogmatischen und rechtspolitischen Problematik des Instituts, zugleich wird aber durch diesen eigentümlichen Forderungserwerb das adäquate Instrument zur Realisierung der wirtschaftlichen Funktion des Vertrags zugunsten Dritter geschaffen, nämlich der Erleichterung der von dem Versprechensempfänger durch den Vertragsschluß bezweckten indirekten Zuwendung an den Dritten. Tatsächlich liegt der tiefere Rechtfertigungsgrund dieser Rechtserscheinung darin, daß der Versprechensempfänger, der eine Leistung an den Dritten bewirken will, durch den Vertrag zugunsten des Dritten den Versprechenden veranlaßt, daß er selbst die beabsichtigte Leistung an den Dritten erbringt. Dadurch wird ein Vermögensnutzen vom Versprechenden an den Dritten direkt kanalisiert, und dem Versprechensempfänger gelingt es, den mehrfach nachteiligen Umweg über sein eigenes Vermögen zu ersparen[74].

Der Vertrag zugunsten Dritter ist kein Vertragstypus im Sinne der im BGB beschriebenen selbständigen Vertragstypen, wie Kauf, Schenkung, Miete usw., die dem Gesetzgeber als Regelungsmodelle dienen. Vielmehr ist er eine gesetzlich geformte vertragliche Figur, deren Rechtsgewand jeder dieser Vertragstypen bekommen kann[75]. Insoweit bleibt er stets

---

[71] Vgl. *Hellwig*, S. 93 ff.; *Hitschfeld*, S. 18; ferner *Fikentscher*, § 37 I 2a.

[72] So *Enn/Lehmann*, § 34 IV; *Staudinger/Kaduk*, Vorbem. 2, 14 vor § 328; *Oertmann*, Vorbem. 1 - 2 vor § 328; *Kress*, § 25 1b; *Leonhard*, § 167.

[73] Vgl. dazu *Blomeyer*, § 42 IV 3; *Gernhuber*, Festschr. für Nikisch, S. 270; s. auch unten, § 7.

[74] Vgl. *Staudinger/Werner*, Vorbem. I vor § 328; *Staudinger/Kaduk*, Vorbem. 10 vor § 328; *Oertmann*, Vorbem. 2 vor § 328; Prot. I, S. 755.

[75] Vgl. *Planck/Siber*, Vorbem. II vor § 328; *Soergel/Siebert/Schmidt*, Randnr. 18 vor § 328; *Fikentscher*, § 37 III 1; *Grunsky*, § 1 I 1, in Athenäum Zivilrecht I,

§ 4. Der Vertrag zugunsten Dritter, insbesondere die Vertragstypen

eine inhaltlich atypische Rechtsgestaltung und eben deswegen bereitet dessen weitere rechtliche Behandlung erhebliche systematische Schwierigkeiten[76].

Der Vertrag zugunsten Dritter kann mithin verschiedenartigen Inhalt haben. Das Versorgungsmoment, wenn auch häufig und geschichtlich mit der Entstehung des Instituts verknüpft[77], dürfte heute nicht als typisch für alle Verträge zugunsten Dritter angesehen werden, weil der Vertrag zugunsten Dritter im modernen Recht, wie schon erwähnt, eine breitere Funktion erfüllt[78].

Bei jedem — grundsätzlich schuldrechtlichen — Vertrag kann also eine Drittbegünstigung in dem Sinne enthalten sein, daß der am Zustandekommen des Vertrages rechtsgeschäftlich nicht beteiligte Dritte ausschließlich oder konkurrierend mit dem Versprechensempfänger das Recht erwirbt, die Erbringung der Leistung an sich selbst zu verlangen. Maßgebend dazu wird stets der Parteiwille sein. Diese Möglichkeit der Parteien, ihren rechtsgeschäftlichen Willen auf die Begünstigung eines Dritten zu richten, läßt sich u. E. aufgrund des die ganze Regelung des BGB durchziehenden Prinzips der Privatautonomie von selbst verstehen[79].

Sicher ist allerdings, daß das Gesetz — offensichtlich aus rein historischen Gründen — die Zulässigkeit des Vertrags zugunsten Dritter durch § 328 Abs. 1 BGB zum positiv-rechtlichen Ausdruck gebracht hat. Diese Norm ist übrigens keine Anspruchsgrundlage[80], sondern enthält lediglich eine Begriffsbestimmung und hat deswegen den Charakter eines unvollständigen — definitorischen oder umschreibenden — Rechtssatzes[81].

---

S. 617; vgl. ferner die Bezeichnungen „Richtungswechsel der Leistungspflicht" bein *Heinrich Lange*, NJW 1965, 657 und „formaler Rechtstypus" bei *Eike Schmidt*, JZ 1971, 604.

[76] Übrigens ist der VzugD auch ein „rechtlicher Strukturtypus" im Sinne von *Larenz* (vgl. Methodenlehre 3. Aufl., S. 447 ff.), da auch bei ihm „typenbildend" die Struktur ist.

[77] Vgl. *Wesenberg*, S. 20.

[78] Über die andere typische Fallgruppe, der Verträge mit „abgekürzter Leistung" s. unten, § 5 I. Nicht haltbar ist die Auffassung von *Lorenz* (JuS 1968, 445; AcP 168, 288 ff.), echte Verträge zugunsten Dritter können nur solche mit „Versorgungscharakter" sein, während die Fälle der „abgekürzten Lieferung" von §§ 328 ff. auszuschalten seien.

[79] Vgl. *Enn/Lehmann*, § 34 II; *Oertmann*, Vorbem. 1 vor § 328; *Heck*, § 48, 6; für die positivrechtliche Zulassungsbedürftigkeit des VzugD *Staudinger/Werner*, Vorbem. I vor § 328, Bem. I zu § 328; *Staudinger/Kaduk*, Vorbem. 4a - 5 vor § 328, Bem. 2 zu § 328; *Thiele*, Die Zustimmungen in der Lehre vom Rechtsgeschäft, S. 31.

[80] So richtig *Fikentscher*, § 37 III 1; dagegen spricht BGH (NJW 1972, 152) von § 328 Abs. 1 BGB als Anspruchsgrundlage.

[81] Dazu vgl. *Larenz*, Methodenlehre 3. Aufl., S. 239 ff.

Auf den Parteiwillen wird auch hinsichtlich der Modalitäten und der Entstehungsvoraussetzungen des Rechts des Dritten abgestellt (§ 328 Abs. 2 BGB). Unbestritten ist, daß sofortige bedingungslose und endgültige Rechtsentstehung in der Person des Dritten keine Begriffsmerkmale des Vertrags zugunsten Dritter darstellen[82]. Dabei ist von zentraler Bedeutung für unsere Untersuchung die Frage, ob das Forderungsrecht des Dritten endgültig erworben ist, da der endgültige Rechtserwerb des Dritten eine erforderliche Voraussetzung für das regelmäßige Funktionieren des Mechanismus des Vertrags zugunsten Dritter ist, in dem Sinne, daß anderenfalls die Parteien oder der Dritte den wirtschaftlichen Zweck des Instituts jederzeit nach ihrem Belieben vereiteln könnten. In Betracht sind hierbei einmal die Unwiderruflichkeit des Rechts des Dritten, zum anderen das Zurückweisungsrecht des Dritten zu ziehen.

Über die erste Frage besagt das Gesetz (§ 328 Abs. 2 BGB): in Ermangelung einer besonderen Bestimmung sei im Wege der ergänzenden Vertragslegung zu entnehmen, „ob den Vertragschließenden die Befugnis vorbehalten sein soll, das Recht des Dritten ohne dessen Zustimmung aufzuheben oder zu ändern". Aus der Entstehungsgeschichte dieser Vorschrift, aus deren Fassung und aus dem Zweck eines Rechtserwerbs an sich ergibt sich eindeutig, daß das Recht des Dritten grundsätzlich, d. h. in Ermangelung eines vertraglichen Vorbehalts der Parteien hierzu, unwiderruflich entsteht[83].

Im Rahmen der vorliegenden Untersuchung wird die Unwiderruflichkeit stets vorausgesetzt, wie auch, daß der Dritte sein Zurückweisungsrecht nicht ausgeübt hat, weil nur ein festes (unentziehbares und nicht zurückgewiesenes) Leistungsrecht des Dritten die Gewinnung einer Argumentationsbasis aufgrund seiner Interessen ermöglicht.

Damit daß die besondere Rechtsstruktur des Vertrags zugunsten Dritter den Rechtserwerb des Dritten ohne sein rechtsgeschäftliches Zutun möglich macht, ist keineswegs gesagt, daß der Dritte an dem Prozeß der Erreichung des durch den Vertrag bezweckten wirtschaftlichen Erfolgs überhaupt nicht teilnimmt. Durch den zwischen dem Versprechenden und Versprechensempfänger zu seinen Gunsten abgeschlossenen Vertrag wird der Dritte auch in seiner Rechtssphäre berührt und mithin ist er aufgrund des Prinzips der Privatautonomie zur freien Gestaltung seiner Rechtsbeziehungen zu den Kontrahenten „zuständig". Allein dessen Selbstbestimmungsrecht wird hierbei anerkannt in der der besonderen

---

[82] *Staudinger/Werner* (Bem. II 2b zu § 328) nimmt im Zweifel eine sorfortige Entstehung des Rechts des Dritten an.
[83] Vgl. Mot. II, 271; *Staudinger/Werner*, Bem. II 2c zu § 328; *Planck/Siber*, Bem. 2 zu § 328; *Staudinger/Kaduk*, Bem. 117 zu § 328; *Enn/Lehmann*, § 35 IV; *Wilde* in RGRK, Anm. 9 zu § 328; BGHZ 5, 281; abweichend *Heck*, § 49, 6; *Hellwig*, S. 316; s. auch § 116 VVG.

### § 4. Der Vertrag zugunsten Dritter, insbesondere die Vertragstypen

Sachstruktur der Rechtslage entsprechenden — es handelt sich lediglich um eine Begünstigung des Dritten — rechtstechnischen Gestalt des Zurückweisungsrechts[84].

Auf dieses Gestaltungsrecht des Dritten kann hier nicht weiter eingegangen werden. Festzuhalten ist dabei nur zweierlei: Einmal ist die Realisierung des durch den Vertrag zugunsten Dritter bezweckten wirtschaftlichen Ziels letzthin ohne sein Einverständnis — im Sinne, daß er das Zurückweisungsrecht nicht ausübt — nicht möglich, was auf das Bedürfnis nach einem Zusammenwirken beider auf der Gläubigerseite des Vertrags stehenden Personen hindeutet. Zum anderen stellt das Zurückweisungsrecht nur ein Minimum der rechtsgestaltenden Einwirkungsmacht des Dritten auf den Vertrag dar, da dieses, nur soweit darauf nicht irgendwie verzichtet worden ist, allerdings nur bis zur ausdrücklichen oder konkludenten Annahme der Leistung[85] ausgeübt werden kann. Nur bis dahin kann das Zurückweisungsrecht also seine Funktion als Schutzinstrument der durch dessen Einbeziehung in den Vertrag berührten Interessen des Dritten erfüllen[86]. Wird indessen der Vertrag schlecht erfüllt, so taucht wieder das gleiche Bedürfnis auf, die auch in diesem Fall zweifelsfrei berührten Interessen des Dritten wirkungsvoll zu schützen. Die Struktur der Sachlage ist aber jetzt verschieden. Deswegen ist nach anderen, ihr entsprechenden Gestaltungsmöglichkeiten des Dritten zu suchen.

### III. Der Vertrag mit Schutzwirkung für Dritte

Den Kontrahenten steht es frei, die Einbeziehung dritter Personen, — für die vorausgesehen wird, daß sie mit der vertraglichen Hauptleistung in Berührung kommen werden und auf deren Sicherheit der Vertragsgläubiger besonderes Gewicht legt —, in den Schutzbereich des Vertrages zu dessen ausdrücklichen Inhalt zu machen.

Bei den sog. „Verträgen mit Schutzwirkung für Dritte" kommt es jedoch nicht darauf an. Sie sind von der Rechtsprechung aus Gründen her-

---

[84] Vgl. *Thiele*, Die Zustimmungen ..., S. 31; *Staudinger/Kaduk*, Bem. 2 zu § 333. Darüber, daß dieses nicht systemkonforme Erlöschensmittel eines Forderungsrechts (§ 397 BGB) der positivrechtlichen Regelung des § 333 BGB bedurfte, vgl. *Staudinger/Werner*, Bem. 1 zu § 333; *Staudinger/Kaduk*, Bem. 2 zu § 333.

[85] Vgl. *Oertmann*, Bem. 4 zu § 333; *Staudinger/Kaduk*, Bem. 8 zu § 333; *Soergel/Siebert/Schmidt*, § 333 Randnr. 1; *Palandt/Heinrichs*, Bem. 2 zu § 333; *Hellwig*, S. 265; *Bachmann*, S. 30; RGZ 119, 1 ff.; *Medicus* (NJW 1962, 2083) sieht mit Recht in der Ausübung des Zurückweisungsrechts nach der Annahme der Leistung ein unzulässiges venire contra factum proprium.

[86] z. B. gegen die Gefahr einer Aufrechnung seitens des Versprechenden. Nicht diese Schutzfunktion des Zurückweisungsrechts hält sich *Seckel* (S. 17) vor Augen, wenn er es in die „nachteiligen Eingriffs-(Gestaltungs-)rechte" einordnet.

ausgebildet worden, die hauptsächlich in den oft nicht zu befriedigenden Resultaten führenden zweipoligen Aufbau des Haftungssystems des BGB zu suchen sind[87].

Es handelt sich in diesen Fällen um eine Ausdehnung des Schutzbereichs des Vertrages auf solche dritte Personen, die so nahe an der Hauptleistung und dem Vertragsgläubiger stehen, daß er — dem Vertragsschuldner erkennbar und zumutbar —, an deren Sicherheit ein besonderes Interesse hat[88]. Es besteht diesen Personen gegenüber keine Hauptleistungspflicht des Schuldners; es handelt sich also nicht um den im Gesetz normierten Typus des Vertrags zugunsten Dritter; vielmehr erstrecken sich die vertraglichen Schutzpflichten auf sie in dem Sinne, daß ihnen ein sekundärer Schadensersatzanspruch[89] nach den Regeln der Vertragshaftung gegen den Schuldner zukommt, falls er diese Schutzpflichten schuldhaft verletzt[90].

Auf den heftig in der heutigen Doktrin weitergeführten theoretischen Streit um die dogmatische Begründung und „organische" Einordnung des noch nicht definitiv kristallisierten Instituts des Vertrags mit Schutzwirkung für Dritte kann an dieser Stelle nur kurz eingegangen werden. Ist man noch nicht bereit, die gewohnheitsrechtliche Geltung dieses Instituts weithin anzuerkennen[91], so bleibt u. E. allein der Weg über § 242 BGB gangbar, mit dessen Hilfe man sowohl innerhalb des Vertrages, wie auch im außerkontraktlichen Raum zur Begründung von Schutzpflichten effizient operieren kann[92].

---

[87] Vgl. dazu *Esser* I, § 54 I; *Gernhuber*, Festschr. für Nikisch, S. 252 - 253. BGH NJW 1956, 1193.

[88] So *Larenz* I, § 17 II; *Erman/Westermann*, Bem. 12 zu § 328; *Staudinger/ Kaduk*, Vorbem. 79 vor § 328; *Esser* I, § 54 I 1; *Bydlinski*, JBl 1960, 362; BGH NJW 1956, 1193; BGHZ 33, 247; BGH NJW 1970, 38; nach *Gernhuber* (Festschr. für Nikisch, S. 270) ist allein die „Leistungsnähe" maßgebend, während es für die Anhänger der Theorie des „Schutzverhältnisses" das Ausgesetztsein des Dritten der Eingriffsmöglichkeit des Schuldners ist; vgl. *Canaris*, JZ 1965, 478; *Thiele*, JZ 1967, 650; diametral gegensätzlich *Zunft* (MDR 1960, 543 ff.), der ausschließlich auf das „Valutaverhältnis" abstellt.

[89] Zu einem primären Schadensersatzanspruch des Dritten vgl. *Bögemann*, S. 30 - 31.

[90] So *Larenz* I, § 17 II; *Staudinger/Kaduk*, Vorbem. 77 ff. vor § 328; *Soergel/ Siebert/Schmidt*, Bem. 13 vor § 328; *Esser* I, § 54 I 1; *Gernhuber*, Festschr. für Nikisch, S. 269; *Emmerich*, § 3 III, in Athenäum Zivilrecht I, S. 312 - 313; ablehnend *Böhmer*, MDR 1960, 807 ff.; 1962, 345 ff.; 1963, 96 ff.; 1963, 546 ff. und *Lorenz*, JZ 1960, 112 ff.; auf die „Drittschadensliquidation" verweisen *Soergel/ Siebert/Schmidt*, Bem. 17 vor § 328; *v. Caemmerer*, ZBJV 100, 377 - 378; *Heiseke*, NJW 1960, 78.

[91] Zur gewohnheitsrechtlichen Begründung vgl. *Gernhuber*, Festschr. für Nikisch, S. 269; *ders.*, JZ 1962, 555; *Blomeyer*, § 42 IV 3; *Weimar*, VersR 1960, 777; *Stuckart*, S. 71 ff.; so auch anscheinend *v. Carolsfeld*, AcP 162, 191 - 192; ferner *Staudinger/Kaduk*, Vorbem. 80 vor § 328.

[92] So richtig *Esser* I, § 53 I 2; *Staudinger/Weber*, Bem. A 813 zu § 242; vgl. auch *Larenz* I, § 17 II.

Charakteristisch ist hierbei, daß die meisten Versuche zur Begründung des der Billigkeitsidee entsprechenden Instituts zu einer Konkretisierung des Prinzips von Treu und Glauben führen, den Geltungsgrund dieser Rechtserscheinung also letztlich in § 242 BGB sehen[93], der gewiß im Inhalt jedes Vertrages — Wirksamkeit vorausgesetzt — stets mitgedacht ist.

Der Inhalt des vertraglichen Schuldverhältnisses — als Gefüge verstanden — bestimmt sich nämlich nicht nur nach dem rechtsgeschäftlichen (psychologischen oder normativ-hypothetischen) Parteiwillen, sondern auch nach dem ergänzenden dispositiven Recht — man denke insbesondere an § 242 BGB[94].

Gerade diese Erkenntnis, daß auch die Schutzpflichten zu dem Vertragsinhalt gehören, so daß ihre Verletzung seitens des Schuldners eine Vertragsverletzung darstellt, eine *Schlechterfüllung* des Vertrages herbeiführt, ist von Belang für die Zwecke unserer Untersuchung. Ihre besondere praktische Relevanz zeigt sich nicht hinsichtlich des schutzbedürftigen Dritten, der stets — unter Annahme irgendwelcher dogmatischer Begründung — nur einen Schadensersatzanspruch gegen den Vertragsschuldner hat, sondern vielmehr in bezug auf den Vertragsgläubiger, dessen potentielle weitere Befugnisse aus dem Vertrag — insbesondere Gestaltungsrechte — infolge dieser Schutzpflichtverletzung gerechtfertigt erscheinen können. Nicht schwierig zu denken sind nämlich Fälle, in denen dem Vertragsgläubiger wegen schuldhafter Verletzung allein der dem Vertragsschuldner obliegenden vertraglichen Schutzpflichten gegenüber dritten Personen (auf deren Schutzinteresse er dem Schuldner erkennbar einen besonderen Wert legen darf) die Fortsetzung des Vertrages nach Treu und Glauben nicht mehr zugemutet werden kann.

Die Entstehung dieser Gläubigerrechte vermag die Theorie des „einheitlichen Schutzverhältnisses", die an den einheitlichen Tatbestand der „Schutzpflichtverletzung" lediglich einen Schadensersatzanspruch als

---

[93] Vgl. die Auffassung von *Larenz* (I, § 17 II und Methodenlehre 3. Auflage, S. 413 - 414) über die richterliche Fortbildung des dispositiven Rechts hinsichtlich einiger typischer Vertragsgestaltungen; ferner die Version des „Schutzverhältnisses" von *Canaris* (JZ 1965, 478); prinzipiell ähnlich der Weg über die ergänzende Vertragsauslegung; so die ständige Rechtsprechung des BGH; vgl. etwa NJW 1956, 1193 mit Anm. von *Larenz;* JZ 1966, 141 mit Anm. *Lorenz;* NJW 1970, 38; so auch *Palandt/Heinrichs*, Bem. 2 zu § 328; *Wilde* in RGRK, Anm. 6 zu § 328; *Bydlinski*, JBl 1960, 359 ff.; *Brox*, § 28 V 2, Rdnr. 377; *Söllner*, JuS 1970, 163; vgl. auch *Staudinger/Kaduk*, Bem. 79 - 80 vor § 328; *v. Caemmerer*, ZBJV 100, 354. Zu der Natur der einschlägigen gewohnheitsrechtlichen Norm vgl. *Larenz*, NJW 1960, 79.
[94] So *Larenz* I, § 6 I, § 9 II; nach *Wieacker* (S. 24 - 25) beruht die Entwicklung der Schutzpflichten auf der officium judicis-Funktion des § 242 BGB. Zu der dispositiven Natur des § 242 BGB als pflichtenbegründende Norm s. unten, § 9.

Rechtsfolge knüpft, — denkt man sie konsequent zu Ende — nicht ohne erhebliche Schwierigkeiten zu rechtfertigen[95].

Ferner und ganz abgesehen davon, daß sie die tief in der modernen zivilrechtlichen Dogmatik gewurzelte Auffassung über das vertragliche Schuldverhältnis als „Gefüge" erschüttert[96], gerät sie dann in Verlegenheit, wenn es gilt, eine dogmatische Erklärung der allgemein als billig empfundenen Wirkung eines Mitverschuldens des Vertragsgläubigers und etwaiger vertraglicher Vereinbarungen über Haftungsbeschränkung auch gegen den Dritten — was vernünftigerweise die Annahme einer derivativen Rechtsposition des Dritten aus dem Vertrag voraussetzt — zu liefern[97].

Soweit also der Vertrag rechtswirksam entstanden ist, wo sich diese Theorie des „Schutzverhältnisses" bei der dogmatischen Bewältigung der erwähnten Phänomene steril erweist, kann ihr nicht gefolgt werden[98]. Im Falle des noch nicht oder des unwirksam entstandenen, bzw. angefochtenen Vertrages stellt sie sich hingegen als dogmatisch relevant und praktisch unentbehrlich dar. In diesem Sinne dürfte wohl von einer „komplementär-subsidiären Geltung" des Instituts des „einheitlichen Schutzverhältnisses" die Rede sein[99].

---

[95] Ihre Vertreter glauben zwar, eine Lösung dieses Problems in der Konkurrenzmöglichkeit beider Tatbestände (Schlechterfüllung und Schutzpflichtverletzung) finden zu können (vgl. *Canaris*, JZ 1965, 479, Fußn. 38; *Jakobs*, S. 46); gesicherte Erkenntnis ist indessen, daß auch allein die Verletzung von Schutzpflichten, auch wenn sie nicht zugleich eine Leistungspflichtverletzung darstellt, Gestaltungsrechte des Gläubigers auslösen kann; vgl. statt aller *Heinrich Stoll*, AcP 136, 301. Konsequent sagt also *Thiele* (JZ 1967, 657) „eine Schutzpflichtverletzung kann jedoch nicht selbständig mit dem Ziel der Lösung vom Vertrag geltend gemacht werden".

[96] Abstand vom Gefüge des vertraglichen Schuldverhältnisses nimmt *Thiele* (JZ 1967, 654); anders, aber nicht folgerichtig, *Canaris* (JZ 1965, 480).

[97] Diese Wirkung lehnt *Thiele* (JZ 1967, 654) anscheinend ab.

[98] Kritisch gegen diese Theorie *Larenz* I, § 9 II, § 24 Ia; gegen ein selbständiges Schuldverhältnis auch *Gernhuber*, Festschr. für Nikisch, S. 268 ff., wobei auch die verwandte Konstruktion eines „faktischen Vertrages" von *Wesenberg* (S. 141) und *Enn/Lehmann* (§ 35 I 1) kritisiert wird; vgl. ferner *Ernst Wolf*, AcP 153, 110 ff.

[99] Vgl. *Larenz* I, § 9 II.

*Zweiter Teil*

## Zur näheren Analyse des Mechanismus des Vertrags zugunsten Dritter

### § 5. Die Rechtsverhältnisse der beteiligten Personen

Es wurde bereits gesagt, daß der Vertrag zugunsten Dritter durch Auflockerung der strengen Unterscheidung der Einzelbeziehungen der an ihm beteiligten Personen als einheitliche Rechtsfigur mit einer typisch eigenartigen wirtschaftlichen Funktion zu betrachten ist. Zu diesem Zweck ist die rechtliche Rolle jedes einzelnen Verhältnisses klar zu stellen. Das ganze durch den Vertrag zugunsten Dritter begründete Rechtsverhältnis entfaltet seine Wirkungen nach drei Richtungen[1].

#### I. Das Verhältnis zwischen Versprechensempfänger und Drittem (Valutaverhältnis)

Dieses Verhältnis enthält den Beweggrund, aus dem der Versprechensempfänger zum Abschluß des Vertrages zugunsten des Dritten kommt[2]. Er schließt den Vertrag ab, um einen Zweck zu erreichen, der den Inhalt des Valutaverhältnisses ausmacht[3]. Oft ist er bereits rechtlich geformt und es kann vorkommen, daß er den Versprechensempfänger geradezu zum Abschluß des Vertrages des Dritten verpflichtet.

Juristisch stellt das Valutaverhältnis die causa der durch den Vertrag zugunsten Dritter stattfindenden indirekten Zuwendung des Versprechensempfängers an den Dritten dar. Der Inhalt des Valutaverhältnisses kann verschiedenartig sein[4]. Es ist möglich, daß zwischen Versprechensempfänger und Drittem eine Schenkung vereinbart ist (causa donandi), oder durch die indirekte Leistung an den Dritten der Versprechensempfänger eine Rückleistungsforderung erwirbt (causa credendi).

---

[1] Vgl. *Staudinger/Kaduk*, Vorbem. 18 ff. vor § 328.

[2] Grundsätzlich ist es aber nicht Geschäftsgrundlage des Vertrages; so *Oertmann*, Vorbem. 2a vor § 328; *Baxmann*, S. 26 - 27; vgl. aber BGHZ 54, 145, wo das Valutaverhältnis als Geschäftsgrundlage erachtet wurde; auch *Palandt/Heinrichs*, Bem. 1 zu § 334; *Hadding*, Der Bereicherungsausgleich ..., S. 131.

[3] Insoweit erfüllt den VzugD eine „dienende Funktion"; dazu vgl. *Hadding*, Der Bereicherungsausgleich ..., S. 79.

[4] Vgl. insbes. *Staudinger/Kaduk*, Vorbem. 25 vor § 328; *Baxmann*, S. 12 - 13.

Schließlich kann der Dritte Gläubiger des Versprechensempfängers sein, so daß durch die Bewirkung der Leistung des Versprechenden an den Dritten zugleich die Verbindlichkeit des Versprechensempfängers im Valutaverhältnis getiltg wird (causa solvendi).

Hinsichtlich unserer Untersuchungsrichtung ist hierbei zu bemerken, daß gerade dieser letzte Fall praktisch der wichtigste ist. Denn in der Tat wird eine Schlechterfüllung bei einem Vertrag zugunsten Dritter, bei dem das Valutaverhältnis eine causa credendi (meistens Darlehen) enthält, sehr selten vorkommen; denkbar ist z. B. der allerdings atypische Fall einer Leihe im Valutaverhältnis.

Auf der anderen Seite wird bei Schlechterfüllung in einem Vertrag zugunsten Dritter mit unentgeltlichem Valutaverhältnis die hier zu bewältigende Sachproblematik nicht oft auftauchen. Denn der Versprechensempfänger handelt in solchen Fällen völlig uneigennützig. Seine Interessen stimmen mit denen des Dritten überein[5]. Das oft im Valutaverhältnis vorherrschende altruistische Moment leistet hier die Gewähr, daß bei einer Abweichung des Vertrages von seinem normalen Verlauf ein Zusammenwirken beider (des Versprechensempfängers und des Dritten) — gleichgültig in welcher rechtstechnischen Form —, eben zur Wahrnehmung ihrer gemeinsamen Interessen, meistens leicht erreichbar sein wird[6].

Anders verhält es sich aber, wenn im Valutaverhältnis eine Leistungspflicht des Versprechensempfängers besteht, deren Erfüllung durch die Leistung des Versprechenden an den Dritten simultan erfolgt. In diesem Fall wird — infolge der durch die Schlechterfüllung des Vertrages oft eintretenden Vereitelung des Zwecks des Vertrags zugunsten des Dritten und der wesentlichen Berührung des Anspruchs des Dritten auch im Valutaverhältnis — eine Interessenkollision zwischen Drittem und Versprechensempfänger häufig sein. Das Bedürfnis nach einem selbständigen Schutz des Dritten entsteht hier dringend.

Im Hinblick auf die rechtstechnische Struktur des Instituts bemerkt man in diesem Fall, daß durch die direkte Leistung des Versprechenden an den Dritten gleichzeitig drei Leistungen vollzogen werden[7]: zunächst die direkte Leistung des Versprechenden an den Dritten, ferner die indirekte Leistung des Versprechensempfängers an den Dritten und schließlich die indirekte Leistung des Versprechenden an den Verspre-

---

[5] Vgl. *Planck/Siber*, Vorbem. III 1 b vor § 328.

[6] Wenn hier die gemeinsamen Interessen der Gläubigerseite das selbständige Vorgehen des Dritten erfordern, wird es sich um diejenigen Fallgruppen handeln, bei denen sich der Dritte, wegen der besonderen Struktur des Vertrages zu seinen Gunsten, ihm „näher" befindet, als der VE; dazu unten, § 8 I B.

[7] So *Hadding*, Der Bereicherungsausgleich ..., insbes. S. 19; vgl. auch *Lorenz*, AcP 168, 291; *ders.*, JuS 1968, 444; *Pranck/Siber*, Vorbem. I 2 vor § 328; anders *Eike Schmidt*, JZ 1971, 603; vgl. auch *Esser* II, § 102 I 1 b.

chensempfänger, nämlich dessen Befreiung von seiner Verbindlichkeit im Valutaverhältnis. Dieses Gebilde der drei gleichzeitig erfolgenden Leistungen (in der Weise, daß die Störungen der einen meistens Störungen auch der anderen darstellen) ständig im Auge zu haben, ist im Rahmen einer sachgemäßen funktionellen Betrachtung des Vertrags zugunsten Dritter für die richtige Erkenntnis der Sachlage unentbehrlich.

Wenn mit dem oben erwähnten bereits angedeutet wurde, daß unsere Untersuchung grundsätzlich an dieser typischen Fallgruppe der Verträge zugunsten Dritter — „mit abgekürztem Leistungsweg" — orientiert ist, ist noch keineswegs gesagt, daß die andere typische Fallgruppe, nämlich die der Fälle „mit Versorgungscharakter", in denen das Valutaverhältnis in der Regel unentgeltlich ist, hier ausscheiden sollte. Denn unsere Erwägungen, die sich insoweit als schematisierend darstellen, als sie zwischen entgeltlichem und unentgeltlichem Valutaverhältnis nicht differenzieren, gehen immer von der gesetzlichen Wertung aus, daß dem Versprechenden die genaue Kenntnis des Inhalts des Valutaverhältnisses nicht zugemutet werden kann[8].

Zwar verweist das Gesetz (§ 328 Abs. 2 BGB) für die Ermittlung des Inhalts der vertraglichen Regelung auf den Vertragszweck, wobei darunter auch der Inhalt des Valutaverhältnisses mitgedacht ist[9]; dies ist jedoch stets dahin auszulegen, daß dieser Inhalt dem Versprechenden in concreto erkennbar ist[10]. Auf die Typizität der Fälle und mithin auf eine gesetzliche — dispositive — Regelung wurde in § 328 Abs. 2 BGB bekanntlich verzichtet; vielmehr wird auf den Einzelfall und die ergänzende Vertragsauslegung verwiesen.

Die mehr und mehr — insbesondere im Gebiet des Bereicherungsrechts[11] — an Boden gewinnende typisierende Differenzierung der Fälle eines Vertrags zugunsten Dritter führt dort wohl zu billigen Ergebnissen, weil es für die Lösung bereicherungsrechtlicher Probleme überwiegend darauf ankommt, ob der Dritte entgeltlich oder unentgeltlich die Leistung des Versprechensempfängers — über den Versprechenden — erwirbt, d. h. ob er durch die Einbringung der Leistung des Versprechenden bereichert worden ist oder nicht. Der Bewältigung unserer Problematik, die eine ganz verschiedene Sachstruktur aufweist, vermag sie indessen nicht zu genügen. Allein die Tatsache, daß in der Lehre von der ungerechtfertigten Bereicherung bei einem Vertrag zugunsten Drit-

---

[8] Dazu s. unten, § 6 III.
[9] Vgl. *Hellwig*, S. 150 - 151; *Hadding*, Der Bereicherungsausgleich ..., S. 57.
[10] Vgl. *Hellwig*, S. 152; *Leonhardt*, § 180; *Baxmann*, S. 28; *v. Ahlefeldt*, S. 15.
[11] Vgl. *v. Caemmerer*, JZ 1962, 387 - 388; *Lorenz*, AcP 168, 288 ff.; ders., JuS 1968, 444 - 445; *Eike Schmidt*, JZ 1971, 604 - 605; *Grunsky*, § 1 II 3, in Athenäum Zivilrecht I, S. 627 ff.; neuerdings auch BGH NJW 1972, 864; differenzierend nach dem konkreten Inhalt des Valutaverhältnisses *Hadding*, Der Bereicherungsausgleich ..., S. 77 ff.; *Esser II*, § 102 I 1 b.

ter die Drittbegünstigungsform völlig irrelevant ist[12] — im unechten Vertrag zugunsten Dritter erweist sich sogar die Rechtsposition des Dritten gesicherter als in einem echten[13] — macht die Verschiedenheit der Sachproblematik hier und dort deutlich. Deswegen ist hier eine andere Akzentsetzung erforderlich.

Aus dem oben erwähnten wird ersichtlich, daß sich die Bedeutung des Valutaverhältnisses nicht in der Bestimmung der Beziehungen zwischen Drittem und Versprechensempfänger erschöpft; auch für die Ermittlung des Vertragsinhalts — insbesondere der Art der Drittbegünstigung[14] — sowie für die richtige Erfassung des Wesens des Instituts und mithin aller innerhalb des Vertrags zugunsten Dritter sich abspielenden Vorgänge spielt dieses Verhältnis eine maßgebende Rolle. Hervorzuheben ist hier die bei der Erörterung der vorliegenden Problematik oft in Betracht gezogene — von uns genannte — „ausgleichende Funktion", die dem Valutaverhältnis zukommt, wenn es gilt, Unbilligkeiten zu heilen, die durch das — infolge äußerer (d. h. nicht im Valutaverhältnis liegender) Tatbestände manchmal notwendig erscheinende — einseitige Vorgehen einer der auf der Gläubigerseite des Vertrages stehenden Personen (z. B. Anfechtung des Vertrages) zu Lasten der anderen entstehen.

### II. Das Verhältnis zwischen Versprechendem und Versprechensempfänger (Deckungsverhältnis)

Die direkte Leistung des Versprechenden an den Dritten erfolgt auf Grund dieses Verhältnisses. Es enthält die causa für die Leistungspflicht des Versprechenden, die auch verschiedenartig sein kann, da grundsätzlich jeder selbständige Vertragstypus (Kauf, Schenkung, Darlehen usw.), wie gesagt, die rechtliche Gestalt des Vertrages zugunsten Dritter bekommen kann.

Das Deckungsverhältnis bestimmt den Vertragstypus, dem der konkrete Vertrag zugunsten Dritter angehört, was für die Anwendung der auf diesen Vertragstypus bezogenen dispositiven Gesetzesvorschriften neben den Vorschriften der §§ 328 - 335 BGB von Bedeutung ist[15]. So fußt z. B. auf diesem Verhältnis die etwa bestehende Gegenleistungspflicht des Versprechensempfängers, — die juristisch und wirtschaftlich die „Deckung" des Versprechenden für sein Opfer darstellt[16], — und

---

[12] Vgl. BGHZ 5, 281; *Esser*, ebenda; *Leonhard*, § 179; *Hadding*, Der Bereicherungsausgleich..., S. 79 ff.
[13] Vgl. *Leonhard*, § 179; *Hadding*, Der Bereicherungsausgleich..., S. 79 - 80.
[14] Zu der Bedeutung des Valutaverhältnisses für die Vertragsauslegung vgl. *Baxmann*, S. 27 - 28.
[15] Vgl. *Staudinger/Kaduk*, Vorbem. 19, 49 vor § 328; *Fikentscher*, § 37 III 1.
[16] Vgl. *Esser* I, § 53 I 1; *Staudinger/Kaduk*, Vorbem. 19 vor § 328; *Fikentscher*, § 37 II 2; *Blomeyer*, § 42 III Fußn. 4.

## § 5. Die Rechtsverhältnisse der beteiligten Personen

es bestimmt sich nach dessen Inhalt die Formbedürftigkeit des Vertrags, sowie der Maßstab der Haftung des Versprechenden gegenüber dem Dritten[17].

Typischerweise entsteht das Deckungsverhältnis erst mit dem Abschluß des Vertrages zugunsten Dritter[18]. Beides ist indessen nicht identisch; vielmehr ist das Deckungsverhältnis nur ein Teil der durch den Vertrag zugunsten Dritter in Geltung gesetzten vertraglichen Regelung. Innerhalb des ganzen Vertrages werden ja noch andere Wirkungen ausgelöst, die ebenso Inhalt dieser Regelung sind.

Immerhin ist das Deckungsverhältnis für die Beurteilung der bei der Entstehung und Abwicklung des Instituts auftauchenden Einzelfragen die relevanteste Seite des Vertrages. Denn dies bestimmt grundsätzlich die Beziehungen der Kontrahenten und übt einen starken Einfluß auf die Rechtsposition des Dritten, vornehmlich in dem Sinne aus, daß gemäß § 334 BGB das Recht des Dritten den Einwendungen des Versprechenden aus dem Deckungsverhältnis ausgesetzt ist. Vorwiegend dieses Verhältnis gibt den vertraglichen Parteiwillen wieder; hieraus ist also primär der Inhalt der gesamten vertraglichen Regelung zu entnehmen. Insbesondere bestimmt das Deckungsverhältnis grundsätzlich die Rechtsvorstellungen des Versprechenden über seine Rechte und Pflichten aus dem Vertrag und mithin die Zumutbarkeitsgrenze ihm gegenüber[19].

Ferner legt die Existenz einer Gegenleistungspflicht des Versprechensempfängers als Inhaltselement des Deckungsverhältnisses ihm ein besonderes Gewicht im Rahmen der vorliegenden Untersuchung bei, weil — wie bereits dargelegt — unsere Problematik vornehmlich in diesem Fall hervortritt und für unsere Lösungsvorschläge das rechtliche Schicksal dieser Gegenleistung bestimmend ist.

Damit ist aber noch nicht gesagt, daß für die Lösung der hier zu behandelnden Probleme allein das Deckungsverhältnis maßgebend ist, soweit es an einer besonderen vertraglichen Regelung dieser Fragen fehlt, was in der Regel der Fall sein wird.

---

[17] Vgl. *Planck/Siber*, Bem. 4 zu § 328; *Leonhard*, § 177; *Staudinger/Kaduk*, Bem. 7 zu § 334.

[18] Es ist allerdings möglich, daß das Deckungsverhältnis vor dem Abschluß des VzugD vorhanden ist (so *Hellwig*, S. 46 ff.; *Staudinger/Kaduk*, Vorbem. 18 vor § 328; *Erman/Westermann*, Vorbem. 5 vor § 328). In diesem Fall wird jedoch die nachträgliche Drittbegünstigung meistens den Sinn einer Abtretung des bereits in der Person des VE bestehenden Anspruchs zugunsten des D haben, was auf Grund einer entsprechenden Anwendung des § 328 Abs. 1 BGB zwar für zulässig gehalten werden kann, jedenfalls aber nicht das ist, was in § 328 BGB als VzugD gemeint ist, weil es gerade am unmittelbaren Rechtserwerb des D fehlt; vgl. *Heilmann*, NJW 1968, 1857.

[19] S. unten, § 6 III.

### III. Das Verhältnis zwischen Versprechendem und Drittem (direktes Leistungsverhältnis)[20]

Wir nennen das durch die Begründung des Vertrages zugunsten Dritter entstehende Verhältnis zwischen dem Versprechenden und dem Dritten „direktes Leistungsverhältnis" um deutlich zu machen, daß es sich hierbei um diejenige Relation handelt, die die direkte, tatsächliche Leistung — des Versprechenden an den Dritten — hauptsächlich enthält, und nicht die zugleich — wenn auch nicht tatsächlich — vollzogenen indirekten Leistungen. Insoweit sind die bereits zur Bezeichnung dieses Verhältnisses vorgeschlagenen Ausdrücke „Leistungsverhältnis"[21] und „Vollzugsverhältnis"[22] terminologisch nicht ganz treffend, obwohl beide sachlich richtig sind[23].

In diesem Verhältnis spiegelt sich in ihrem ganzen Umfang die Eigentümlichkeit der Rechtsstellung des Dritten. Er ist nämlich Gläubiger der vertraglichen Hauptleistung, ohne selbst an dem Vertragsschluß rechtsgeschäftlich teilgenommen zu haben. Dieses juristische Phänomen läßt sich u. E. eindeutig fassen, wenn man zwischen dem Vertrag als Rechtsgeschäft, als Akt, und dem Vertragsverhältnis als „rechtliche Ordnung zwischenmenschlicher Beziehungen", als lex contractus, unterscheidet[24].

Der Dritte ist zwar an dem Vertrag als Akt nicht beteiligt, er hat aber in der vertraglichen Regelung eine wesentliche Rolle erlangt, da er gemäß dieser Regelung das Recht hat, die Leistung des Versprechenden an sich selbst zu verlangen. Seine Leistungsforderung ist also zum Inhalt der durch den Vertrag zu dessen Gunsten in Geltung gesetzten lex contractus geworden.

Geltungsquelle dieser Regelung ist der nach dieser Richtung (vgl. insbes. § 328 Abs. 1 BGB) von der Rechtsordnung anerkannte rechtsgeschäftliche Parteiwille[25]. Den Inhalt dieser Regelung bildet aber nicht

---

[20] Die Erhebung dieses Verhältnisses zu einem selbständig neben den zwei anderen, zu behandelnden Rechtsverhältnis erweist sich nicht nur im Bereicherungsrecht als fruchtbar, in dem die Einsicht, daß der V solvendi causa an den D leistet (so *Lorenz*, AcP 168, 291; *Hadding*, Der Bereicherungsausgleich..., insbes. S. 19; *Planck/Siber*, Vorbem. III 3 vor § 328; a. A. *Esser* II, § 102, I 1 b; anscheinend auch *Staudinger/Kaduk*, Bem. 4 zu § 328) die Basis für die richtige Beurteilung der bereicherungsrechtlichen Vorgänge innerhalb des VzugD liefert, sondern sie verhilft darüber hinaus auch zum richtigen Verständnis der gerade in diesem Verhältnis erfolgenden Schlechterfüllung.

[21] *Leonhard*, §§ 167, 180; *Fikentscher*, § 37 II 2.

[22] *Hadding*, Der Bereicherungsausgleich..., insbes. S. 13.

[23] Abzulehnend ist dagegen als inhaltlich leer und zur Verwechslung mit dem Deckungsverhältnis führend der oft verwendete Terminus „Außenverhältnis"; so bei *Planck/Siber*, Bem. 4 zu § 328; *Kress*, § 25, 2a; *Ruppert*, S. 15.

[24] Vgl. *Larenz*, Allg. Teil, § 29 I; *Flume*, § 6 Ziff. 1 und § 33 Ziff. 2; *Raiser*, Festschr. JT I, S. 104 ff., 114 ff.; dagegen anscheinend *Lüderitz*, S. 399.

[25] Vgl. *Larenz*, ebenda; *Raiser*, S. 105. Auf die Rechtsnatur des § 328 Abs. 1

## § 5. Die Rechtsverhältnisse der beteiligten Personen

nur der Parteiwille, sondern auch das ihn — hinsichtlich der naturalia negotii der vertraglichen Regelung — ergänzende dispositive Gesetzesrecht — man denke hinsichtlich der Entstehung von Nebenpflichten insbesondere an § 242 —[26].

Im Hinblick auf den Inhalt des direkten Leistungsverhältnisses ist hier darauf hinzuweisen, daß die §§ 328 ff. BGB, wie die meisten Gesetzesvorschriften, zwar hauptleistungsorientiert sind[27], daß aber in diesem Verhältnis, genauso wie in allen anderen vertraglichen Schuldverhältnissen, jenseits der Hauptleistungspflicht des Versprechenden auch verschiedene Nebenpflichten entstehen können, und zwar sowohl auf der Seite des Versprechenden, als auch auf der des Dritten[28].

Da dieses direkte Leistungsverhältnis einen Teil der gesamten vertraglichen Regelung darstellt, und dessen Geltungsgrund der Vertrag ist, ist es — immerhin sui generis — ein *Vertragsverhältnis*[29], was für die Rechtfertigung der bei der Schlechterfüllung dieses Verhältnisses beiderseits entstehenden vertraglichen Befugnisse[30] und für die Anwendung des § 278 BGB im Falle eines mitwirkenden Verschuldens der für den Dritten innerhalb dieses Verhältnisses tätig gewordenen Personen von Belang ist[31].

---

BGB hinsichtlich der positivrechtlichen Anordnung der Zulässigkeit des VzugD wurde bereits (oben § 4 II) hingewiesen.

[26] Dazu vgl. *Flume*, § 6 Ziff. 2 und § 33 Ziff. 6 c, wobei die gemeinrechtliche Einteilung in essentialia, naturalia und accidentalia negotii durch die moderne Betrachtung des Vertrages als lex contractus aktualisiert wird; vgl. auch *Larenz I*, § 6 I; zu § 242 BGB als Quelle der naturalia negotii im Rahmen seiner officium judicis-Funktion vgl. *Wieacker*, S. 23 ff.

[27] Es ist bekannt, daß die Verfasser des BGB bei der Schaffung der Gesetzesvorschriften grundsätzlich nur die Hauptleistungspflichten im Auge hatten; vgl. *Soergel/Siebert/Knopp*, § 242 Rdnr. 100; *Esser/Schmidt*, § 4 II; *Canaris*, JZ 1965, 475.

[28] Vgl. *Staudinger/Kaduk*, Vorbem. 29 vor § 328, Bem. 28 zu § 334; *Palandt/Heinrichs*, Vorbem. 2 c vor § 328; *Erman/Westermann*, Vorbem. 6 vor § 328; *Wilde* in RGRK, Anm. 13 zu § 328; *Medicus*, NJW 1962, 2082; *Heinrich Lange*, NJW 1965, 658, 660; *W. Lange*, S. 57 - 58; RG JW 1913, 426; nach *Soergel/Siebert/Schmidt* (Vorbem. 11 vor § 328) können nur Obliegenheiten den D treffen.

[29] Die wohl überwiegende Meinung nimmt das Vorliegen eines „vertragsähnlichen Verhältnisses" an; vgl. RG JW 1913, 426; BGHZ 24, 327 = NJW 1957, 1187; vgl. auch die oben (Fußn. 28) erwähnten Autoren.

[30] Zu den Rechten des V aus dem Vertrag wegen Leistungsstörungen seitens des D vgl. *Heinrich Lange*, NJW 1965, 660 - 661; *Erman/Westermann*, § 328 Rdz. 8; *Ruppert*, S. 87 ff.

[31] Vgl. *Heinrich Lange*, NJW 1965, 660; im Rahmen des § 254 gelangt auch die h. M. auf Grund der Annahme eines „vertragsähnlichen Verhältnisses" zu den gleichen Resultaten; vgl. BGHZ 24, 325 = NJW 1957, 1187; *Soergel/Siebert/Schmidt*, Vorbem. 11 vor § 328; *Erman/Westermann*, Vorbem. 6 vor § 328; *W. Lange*, S. 57 - 58; vgl. ferner *Medicus*, NJW 1962, 2082 - 2083; *Ostwald*, LeipzZ 1923, 516 ff.; über die äußerst umstrittene Frage, ob für die entsprechende Anwendung des § 278 im Rahmen des § 254 hinsichtlich der Erfül-

Die oben gewonnene Erkenntnis stellt klar, warum allein die Tatsache, daß nur der Versprechensempfänger — und nicht der Dritte — kontrahiert hat, also Vertragspartei ist, nicht ausreicht, um die Ansicht überzeugend zu begründen, daß nach logischer Notwendigkeit die bei Leistungsstörungen innerhalb des direkten Leistungsverhältnisses resultierenden Gestaltungsrechte nur dem Versprechensempfänger zustehen sollten. Diese Befugnisse gehören, als naturalia negotii der vertraglichen Regelung der lex contractus an; mit dem Vertrag als Akt haben sie nichts zu tun[32]. Es steht folglich nichts im Wege, auch dem Dritten oder allein dem Dritten, — der auch Subjekt der vertraglichen Regelung ist, — die Möglichkeit einer rechtsgestaltenden Einwirkung auf den Vertrag zu dessen Gunsten einzuräumen, wenn es sich an Hand materieller Erwägungen ergibt, daß dies dem Inhalt der konkreten lex contractus entspricht, sei es, weil diese verstärkte Rechtsposition des Dritten autonom durch den Parteiwillen ausdrücklich bedungen ist, sei es, weil es im Wege des — praeter legem fortgebildeten — dispositiven Rechts sachgerecht zu sein scheint.

Betrachtet man funktionell den Vertrag zugunsten Dritter, so bemerkt man, daß in den wichtigsten hierbei in Betracht kommenden Fällen, — wenn nämlich durch den Vertrag zugunsten Dritter die Erfüllung einer im Valutaverhältnis bestehenden Verbindlichkeit des Versprechensempfängers bezweckt wird —, dieses Verhältnis für den Dritten eine neue Gestalt des Valutaverhältnisses darstellt. Es handelt sich um dasselbe Valutaverhältnis mit einem anderen Schuldner (den Versprechenden) an der Stelle des Versprechensempfängers[33]. Er erfüllt seine Leistungspflicht mittels des Versprechenden[34]. Der Dritte aber kann seinen Leistungsanspruch im Valutaverhältnis gegen den Versprechensempfänger beibehalten, solange sein Anspruch, der sich in beiden Verhältnissen auf die gleiche Leistung richtet, durch die Leistung des Versprechenden nicht vollkommen befriedigt wird (keine abschließende Wirkung des Rechtserwerbs des Dritten im Valutaverhältnis).

Aus dieser — nach dem tragenden Gedanken der Verstärkung der Gläubigerposition — der Gesamtschuld ähnelnden Konstellation, in der nämlich der Dritte mit zwei Schuldnern zu tun hat, die verschiedener Solvenz sein können, ergibt sich das Interesse des Dritten daran, daß er bei Schlechterfüllung im direkten Leistungsverhältnis, die meistens eine Schlechterfüllung auch im Valutaverhältnis herbeiführt, seinen Scha-

---

lungsgehilfen ein bereits bestehendes Schuldverhältnis erforderlich ist, vgl. insbes. *Esser* I, § 47 VI und *Larenz* I, § 31 I d.

[32] Dazu vgl. *Larenz* I, § 6 I; *Flume*, § 6.

[33] Offenbar liegt hier aber keine Gesamtschuld zwischen V und VE gegenüber dem D vor.

[34] Zum Begriff des „Leistungsmittlers" vgl. *Esser* II, § 101, I 1, wobei es allerdings an einer „eigenen Zweckbestimmung" des Leistenden fehlt; vgl. auch *Hadding*, Der Bereicherungsausgleich..., S. 13.

§ 5. Die Rechtsverhältnisse der beteiligten Personen    41

densersatzanspruch nach Belieben gegen den einen oder den anderen richten kann.

Das gleiche gilt für die Gestaltungsrechte, deren Geltendmachung durch den Dritten gegen den Versprechenden im direkten Leistungsverhältnis leichter durchsetzbar sein kann, als gegen den Versprechensempfänger im Valutaverhältnis (z. B. weil die Voraussetzungen der Schlechterfüllung in diesem Verhältnis leichter feststellbar sind, oder weil der Versprechende mit der Umgestaltung oder Auflösung des Vertrags zugunsten Dritter einverstanden ist), soweit der Dritte dadurch das Valutaverhältnis mittelbar — durch den Vertrag zu dessen Gunsten — beeinflussen kann.

Im Eingangsbeispiel (b) nehmen wir an, der K (VE) wußte, daß der V (V) meistens solche Maschinen ohne Gebrauchsanweisung liefert, so daß eine Schlechterfüllung der ihm (VE) obliegenden Verpflichtung zur ordnungsgemäßen Lieferung der Maschine an den D auch im Valutaverhältnis vorliegt. Ferner habe der D infolge der nichtordnungsgemäßen Lieferung der Maschine seitens des V kein Interesse mehr daran. Der K (VE) seinerseits bestreitet, daß ihn ein Verschulden trifft, und darüber hinaus behauptet er, die Lieferung der Maschine sei fehlerlos, und beharrt auf dem Weiterbestehen des VzugG, durch den nach dem Inhalt des Valutaverhältnisses seine Leistungspflicht erfüllt werden sollte. Das Interesse des D daran, selbständig gegen den V, — der bereit ist, die Umgestaltung des Vertrages durch die Ausübung des Rücktrittsrechts hinzunehmen — vorzugehen und dadurch das Valutaverhältnis in der Weise zu beeinflussen, daß nunmehr im Valutaverhältnis eine nicht vom D zu vertretende Nichterfüllung der Verbindlichkeit des VE eintritt, liegt auf der Hand.

Nicht immer bleibt aber das Valutaverhältnis nach dem Abschluß des Vertrags zugunsten Dritter bestehen. Es ist auch möglich, daß durch den Rechtserwerb des Dritten, — der in solchen Fällen an Erfüllungsstatt erfolgt, — das Valutaverhältnis erledigt wird und der Anspruch des Dritten gegen den Versprechensempfänger erlischt. Ob diese Wirkung eintreten soll, ist stets aus dem konkreten Inhalt des Valutaverhältnisses zu entnehmen[35].

Daß die älteren unfruchtbaren Konstruktionsversuche, durch die die dogmatische Erklärung des Rechtserwerbs des Dritten aufgrund einer Zerlegung des Vertrags zugunsten Dritter angestrebt wurde[36], sich heute als Relikt eines antiquierten juristischen Denkens darstellen und nur

---

[35] Dazu vgl. *Planck/Siber*, Vorbem. III 3 b vor § 328; *Baxmann*, S. 33; *Hadding*, Der Bereicherungsausgleich..., S. 96; *Ruppert*, S. 45 ff.

[36] Vgl. die Konstruktion *Stammlers* (S. 171 ff.) über ein „einseitiges Rechtsgeschäft" und *Hellwigs* (S. 47 ff., 255 ff.) über einen „Nebenvertrag"; vgl. auch *Rappaport*, S. 136; neuerdings spricht *Heilmann* (NJW 1968, 1854) von einem „gesonderten Vertrag".

einen historischen Wert haben, braucht kaum erwähnt zu werden. Wie bereits gesagt, ist der Leistungsanspruch des Dritten und das ganze direkte Leistungsverhältnis Inhalt der durch den einheitlichen (vgl. § 328 Abs. 1 BGB „durch Vertrag") Vertrag zugunsten Dritter in Geltung gesetzten einheitlichen vertraglichen Regelung[37].

### § 6. Interessenlage und Interessenwürdigung

Die vorangegangene Anatomie des Vertrages zugunsten Dritter, durch die dessen Rechtsstruktur ans Licht gekommen ist, liefert uns nun die Grundlage, weiterzugehen. An diesem Ort wird die Interessenkonstellation geprüft und deren Würdigung unternommen auf Grund der den Gesetzesvorschriften zugrundeliegenden Wertungsmaßstäbe.

#### I. Die Unzulässigkeit der Verschlechterung der Rechtsstellung des Dritten durch dessen Einbeziehung in den Vertrag zu dessen Gunsten

Die „Begünstigung" des Dritten durch dessen Hereinnahme in den Vertrag zugunsten Dritter ist diesem Institut immanent. Dies ist jedoch nicht einmal dahin zu verstehen, daß nach dessen Sinngehalt der Vertrag zugunsten Dritter dem Dritten nur „Rechtsvorteile" (Gunst) verschafft[38].

Es wurde bereits gesagt, daß auch der Dritte, als Subjekt der durch den Vertrag zu dessen Gunsten geschaffenen vertraglichen Regelung, Träger von Nebenpflichten sein kann[39]. Darüber hinaus kann der Dritte durch die Erlangung der Gläubigerstelle im Vertrag der Gefahr ausgesetzt ein, eine Aufrechnung seitens des Versprechenden — mit einer ihm gegen den Dritten zustehenden Forderung — hinzunehmen oder es mit einem insolventen und lästigen Schuldner zu tun zu haben. Vor allem ist es aber möglich, daß der Inhalt des Valutaverhältnisses ergibt, daß der etwa bestehende Anspruch des Dritten gegen den Versprechensempfänger durch den endgültigen Rechtserwerb des Dritten aus dem Vertrag erlischt (Annahme an Erfüllungs Statt).

Die „Begünstigung" des Dritten liegt vielmehr in einer durch dessen Einbeziehung in den Vertrag in der Regel eintretenden Verbesserung seiner allgemeinen Rechtsposition[40]. Diese Verbesserung besteht nicht immer in dem Erwerb eines „neuen" selbständigen Anspruchs seitens des Dritten; dies ist nur bei unentgeltlichem Valutaverhältnis meistens

---

[37] Vgl. *Staudinger/Werner*, Vorbem. III vor § 328; *Planck/Siber*, Vorbem. IV 2 vor § 328; *Enn/Lehmann*, § 34 II; *Leonhard*, § 168; *Staudinger/Kaduk*, Vorbem. 42 ff. vor § 328.
[38] Vgl. *Regelsberger*, AcP 67, 22.
[39] So die heute überwiegend h. M. vgl. oben Fußn. 28.
[40] Vgl. *Gareis*, S. 269.

## § 6. Interessenlage und Interessenwürdigung

der Fall. In den wichtigsten Fällen liegt sie lediglich darin, daß der Dritte einen zusätzlichen Schuldner der gleichen Leistung gewinnt; das geschieht, wie gesagt, in denjenigen Fällen, in denen das Valutaverhältnis entgeltlich ist und die bereits in ihm bestehende Forderung des Dritten gegen den Versprechensempfänger erst durch die reibungslose Erbringung der Leistung des Versprechenden an den Dritten zum Erlöschen gebracht wird (Annahme erfüllungshalber).

Aber wenn auch der Dritte bereits durch seinen Rechtserwerb aus dem Vertrag zu dessen Gunsten seinen Anspruch im Valutaverhältnis verliert, wird üblicherweise eine Verbesserung der vor dem Vertragsschluß bestehenden Drittposition vorliegen. Denn der Dritte wird naturgemäß nur dann eine solche Wirkung im Valutaverhältnis vereinbaren, wenn sich dieser Wechsel in der Person des Schuldners für ihn — beim Normalablauf des Vertrages — vorteilhaft darstellt; so z. B. wenn der Versprechende zahlungsfähiger ist, als der Versprechensempfänger.

Diese teleologische Richtung des Instituts hat sich positiv-rechtlich über den § 328 Abs. 1 BGB hinaus auch in den Vorschriften der §§ 333, 334 BGB niedergeschlagen. Die erste ordnet zum Schutz der Drittinteressen, wenn sie durch dessen Einbeziehung in den Vertrag gefährdet werden, das Zurückweisungsrecht des Dritten an[41]. Nach der Zweiten darf der Versprechende Einwendungen nur „aus dem Vertrag" gegenüber dem Dritten entgegenhalten. Andere Einwendungen, die nicht unmittelbar „aus dem Vertrag" abgeleitet werden, sondern aus einem anderen, außerhalb des Vertrages liegenden, Tatbestand resultieren — insbesondere derartige aus dem Valutaverhältnis[42] — sind, soweit eine diese dispositive Regelung abändernde Parteivereinbarung nicht nachgewiesen wird, für den Versprechenden unzulässig[43]. Denn solche Einwendungen vermöchten nach der gesetzlichen Bewertung den durch die Hereinnahme des Dritten in den Vertrag bezweckten Erfolg leicht zu vereiteln und mithin oft zu einer Verschlechterung der vor dem Vertragsschluß bestehenden Rechtsstellung des Dritten zu führen.

Denkt man diese den §§ 333, 334 BGB zugrundeliegende Gesetzesbewertung folgerichtig zu Ende, so müßte man dem Dritten stets die Möglichkeit gewähren, zur Beseitigung der Gefahr einer virtuellen Verschlechterung seiner Rechtslage durch dessen Einbeziehung in den Ver-

---

[41] Über diese Schutzfunktion des Zurückweisungsrechts des Dritten war bereits oben, § 4 II die Rede.
[42] Vgl. *Planck/Siber*, Bem. 2 zu § 334; *Enn/Lehmann*, § 35 V 2; *Staudinger/ Kaduk*, Bem. 9 - 10 zu § 334; *Palandt/Heinrichs*, Bem. 2 zu § 334.
[43] Mit einer Forderung gegen den VE kann z. B. der V nicht gegen die Forderung des D aufrechnen; die Aufrechnungsmöglichkeit ist keine Einwendung „aus dem Vertrag"; vgl. BGH LM Nr. 5 zu § 334 = MDR 1961, 481; *Staudinger/Kaduk*, Bem. 16, 51 zu § 334; *Soergel/Siebert/Schmidt*, § 334 Randnr. 1; *Wilde* in RGRK, Anm. 3 zu § 334; *Erman/Westermann*, Bem. 1 zu § 334; *Palandt/Heinrichs*, Bem. 2 zu § 334.

trag, den Vollzug der Zuwendung des Versprechensempfängers an ihn im Wege des Vertrags zu dessen Gunsten endgültig zu vereiteln, d. h. auf den Vertrag rechtsgestaltend einwirken zu können. Diesem Zweck dient, wie gesagt, als gesetzestechnisches Mittel das dem Dritten ausdrücklich (§ 333 BGB) zuerkannnte Zurückweisungsrecht. Das ist auch ein Gestaltungsrecht, dessen Geldendmachung die Vereitelung der indirekten Zuwendung des Versprechensempfängers an den Dritten und somit oft auch die Auflösung des Deckungsverhältnisses herbeiführen kann[44].

Ist indessen der Vertrag in das Erfüllungsstadium eingetreten und wird er seitens des Versprechenden schlecht erfüllt, so stellt das Zurückweisungsrecht, wie gesagt, kein adäquates Mittel zu diesem Zweck mehr dar und doch ist das Schutzbedürfnis des Dritten nun um so dringender. Seine — weitergedachte — Funktion kann nunmehr allein die bei Schlechterfüllung dem Gläubiger erwachsenen Gestaltungsrechte (Rücktritt-Wandelung-Kündigung) erfüllen. Wenn für deren Ausübung durch den Dritten nun spezifische Voraussetzungen erforderlich sind, (Unzumutbarkeit seines Stehenbleibens im Vertrag infolge Wegfalls des Leistungsinteresses) — was für die Ausübung des Zurückweisungsrechts nicht der Fall ist — läßt es sich erklären, aus der inzwischen geänderten Rechtslage (der Dritte ist nämlich nunmehr mit dessen Willen in dem Sinne, daß er das Zurückweisungsrecht nicht ausgeübt hat, in die vertragliche Regelung eingegangen) und aus der stärkeren Wirkung dieser Befugnisse.

Das Interesse des Dritten an der selbständigen Geltendmachung dieser Gestaltungsrechte zeigt sich besonders schutzwürdig, wenn der Rechtserwerb des Dritten aus dem Vertrag eine abschließende Wirkung im Valutaverhältnis ausgelöst hat und nun der Dritte sich an den Versprechensempfänger nicht mehr halten kann[45], aber andererseits auch an der Verfolgung des Versprechenden mit seinem Schadensersatzanspruch kein Interesse hat, weil der Versprechende nicht zahlungsfähig oder sonst die Rechtsverfolgung schwierig oder gar unmöglich ist. In diesem Fall könnte die durch die Ausübung dieser Gestaltungsrechte erfolgende Aufhebung des Deckungsverhältnisses zum „Wiederaufleben" des inzwischen im Valutaverhältnis erloschenen Leistungsrechts des Dritten führen[46], allerdings nicht in dem Sinne eines ipso jure eintretenden

---

[44] Über das weitere Schicksal des Deckungsverhältnisses entscheidet ausschließlich dessen Inhalt; dieser kann ergeben, daß durch die Zurückweisung des Rechts seitens des D die Leistungspflicht des V und damit das ganze Deckungsverhältnis erlischt (§§ 275, 323 BGB); vgl. dazu Prot. I, S. 267, 268; *Staudinger/Kaduk*, Bem. 11 zu § 333; *Soergel/Siebert/Schmidt*, § 333 Randnr. 1; *Wilde* in RGRK, Anm. 3 zu § 333; *Palandt/Heinrichs*, Bem. 3 zu § 333.

[45] Insbesondere ist die Anwendbarkeit des § 365 nicht zweifelsfrei (vgl. *Ruppert*, S. 48), weil von einem Mangel im Rechte des D gegen den V bei Schlechterfüllung angesichts des § 437 schwerlich die Rede sein könnte.

[46] Vgl. *Baxmann*, S. 42. Darüber, daß die Annahme an Erfüllungs Statt

§ 6. Interessenlage und Interessenwürdigung 45

Wiederauflebens, sondern durch die schuldrechtliche Verpflichtung des Schuldners (Versprechensempfängers) zur Wiederbegründung der getilgten Schuld im Valutaverhältnis[47].

### II. Die dominierende Rolle des Versprechensempfängers innerhalb des Vertrags zugunsten Dritter

Die zentrale Figur im Vertrag zugunsten Dritter ist der Versprechensempfänger. Ihm gehört die Initiative zum Abschluß des Vertrages. Er geht von dem Valutaverhältnis aus. In diesem Verhältnis findet sich der Existenzgrund des Vertrages zugunsten Dritter. Der Versprechensempfänger bedient sich dieser vertraglichen Gestalt als „Instrument" zur Durchsetzung des den Inhalt des Valutaverhältnisses bildenden Zwecks[48].

Seine Absicht geht immer dahin, den Vertrag zugunsten des Dritten so zu gestalten, daß dieser primäre Zweck am besten erreicht wird. Er hat die Möglichkeit, — dazu läßt er sich in der Regel zu einer Gegenleistung verpflichten — dementsprechend die vertragliche Regelung nach seinem Belieben zu formen. Er bestimmt vorwiegend sowohl den Inhalt des Deckungsverhältnisses wie die Rechtsposition des Dritten. Insbesondere kann er, entsprechend seiner Absicht, hinsichtlich seiner Rolle bei dem zukünftigen Vertragsablauf, die Art der Drittbegünstigung bedingen (unechter, echter Vertrag zugunsten Dritter; im zweiten Fall Mitberechtigung nach § 335 oder Alleinberechtigung des Dritten). Der Wille des Versprechensempfängers ist also namentlich für den Inhalt der gesamten vertraglichen Regelung (lex contractus) maßgebend.

Der Versprechensempfänger, als Subjekt sowohl des Valutaverhältnisses als auch des Deckungsverhältnisses, ist an der Abwicklung beider Verhältnisse ebenso interessiert. Die Erfüllung der Leistung im direkten Leistungsverhältnis beeinflußt, wie gesagt, auch die anderen innerhalb des Verrtages zugunsten Dritter entstehenden Rechtsverhältnisse. Oft führt sie zum Erlöschen des Valutaverhältnisses und stets — wegen des bestehenden synallagmatischen Bandes — wirkt sie sich auf das rechtliche Schicksal der Gegenleistung des Versprechensempfängers aus.

Der Versprechensempfänger hat daher ein ganz selbstverständliches Interesse daran, daß der Versprechende die zugesagte Leistung an den Dritten ordnungsgemäß bewirkt, und zwar unabhängig davon, ob das Valutaverhältnis entgeltlich oder unentgeltlich ist. Zur Wahrnehmung

---

nicht das ganze ursprüngliche Schuldverhältnis beseitigt, sondern nur eine Abänderung der betreffenden Leistungspflicht bewirkt vgl. *Esser/Schmidt*, § 18 I 2; *Gerhardt* § 1 III 1, in Athenäum Zivilrecht I, S. 718; a. A. *Staudinger/ Kaduk*, Bem. 10 zu § 364, Bem. 8 zu § 365.

[47] Dazu vgl. *Staudinger/Kaduk*, Bem. 8, 26 zu § 365; *Löscher* in RGRK, Anm. 2 zu § 365; *Erman/Westermann*, Bem. 2 zu § 365; *Palandt/Heinrichs*, Bem. 1 zu § 365; *Esser/Schmidt*, § 18 I 2; gegen die h. M. *Fikentscher*, § 39 I 1.

[48] So *Hadding*, AcP 171, 405; ders., Der Bereicherungsausgleich..., S. 79.

dieses Interesses muß dem Versprechensempfänger die aktive Gläubigerrolle in dem Sinne vorbehalten sein, daß er die gehörige Erfüllung der Leistung des Versprechenden erzwingen und deren Einfluß auf seine Gegenleistungspflicht und auf das Valutaverhältnis durch die Geltendmachung der Gestaltungsrechte aus dem Vertrag verhindern können soll. Diesem Interesse hat das Gesetz dadurch Rechnung getragen, daß es in der Auslegungsregel des § 335 BGB dem Versprechensempfänger das Recht zugesteht, die Leistung an den Dritten zu fordern, auch wenn ein echter Vertrag zugunsten des Dritten vorliegt[49].

Dies gilt jedoch nur, sofern ein anderer Wille der Kontrahenten nicht anzunehmen ist. Tatsächlich ist es wahrscheinlich, daß der Versprechensempfänger aus Zweckmäßigkeitsgründen wünscht, aus dem Vertrag völlig auszuscheiden, und dem Dritten die Überwachung der Vertragserfüllung und mithin die Wahrung seiner Belange zu überlassen. Dies wird stets dann der Fall sein, wenn der Inhalt der vertraglichen Regelung ergibt, daß der Dritte ausschließlich berechtigt ist, die Leistung des Versprechenden zu verlangen. Dazu führen folgende Erwägungen: Unstreitig ist, daß für die Erfüllung der Grundfunktion des Vertrags zugunsten Dritter (Realisierung der im Valutaverhältnis geplanten Zuwendung des Versprechensempfängers an den Dritten durch Abkürzung des Leistungswegs) allein die Figur des unechten Vertrags zugunsten Dritter ausreichen würde[50]. Macht der Versprechensempfänger zusätzlich den Dritten zum Gläubiger aus dem Vertrag, so läßt er schon dadurch seine Absicht durchblicken, dem Dritten vorwiegend die Sorge für die zukünftige Abwicklung des Vertrages zu überlassen und sich selbst nur subsidiär (§ 335 BGB) für die Durchführung des Vertrages einzusetzen[51].

In dieser Erkenntnis wurzelt der „Verdrängungsgedanke", mit dessen Hilfe vor allem *Leonhard* die Gläubigerposition des Dritten durchaus überzeugend begründet hat[52]. Tatsächlich genügt das Moment der Fürsorge im Valutaverhältnis, soweit es überhaupt in Frage kommt, logischerweise nicht, um den Rechtserwerb des Dritten zu rechtfertigen. Denn der Fürsorgezweck kann auch allein durch die Berechtigung des Versprechensempfängers verwirklicht werden. Dagegen ist allein die „Verdrängung" des Versprechensempfängers das, was eine logische Erklärung der stärkeren Drittbegünstigungsform zu liefern vermag.

---

[49] Vgl. *Rappaport*, S. 137; *Staudinger/Werner*, Bem. I zu § 335; *Staudinger/Kaduk*, Bem. 2 zu § 335; *Hadding*, AcP 171, 405; vgl. auch Mot. II, S. 269 - 270.

[50] *Hadding*, Der Bereicherungsausgleich ..., S. 78; *Eike Schmidt*, JZ 1971, 604, allerdings hinsichtlich nur der typischen Fallgruppe der VzugD mit „abgekürzter Leistung".

[51] So *Eike Schmidt*, JZ 1971, 604; vgl. auch *Leonhard*, § 172.

[52] *Leonhard*, § 172; vgl. ferner *Blomeyer*, § 42 III 2; *v. Ahlefeld*, S. 19; *Gast*, S. 26 - 27; *Hadding*, Der Bereicherungsausgleich, S. 78; *Eike Schmidt*, JZ 1971, 604.

§ 6. Interessenlage und Interessenwürdigung

Kommt hinzu die ausdrückliche Vereinbarung der Parteien der Dritte solle ausschließlich berechtigt sein, die Leistung zu fordern, so kann dies nach Treu und Glauben mit Rücksicht auf die Verkehrssitte keinen anderen Sinn haben, als daß der Versprechensempfänger auf der aktiven Gläubigerrolle innerhalb des Vertrages zugunsten Dritter freiwillig hat verzichten wollen. Diese totale Verdrängung des Versprechensempfängers aus dem Vertrag führt dann zwanglos zu der Annahme der Alleinherrschaft des Dritten auf den Vertrag zu dessen Gunsten[53].

Stellt dies einen richtigen Topos dar, so dürfte man weiterhin schließen, daß in diesem Fall der Alleinberechtigung des Dritten auch die Geltendmachung der bei Schlechterfüllung — seitens des Versprechenden — ausgelöste Gestaltungsbefugnisse nur von dem Dritten zu erwarten ist.

Dem Versprechensempfänger in diesem Fall die aktive Gläubigerrolle abzusprechen, würde (behauptete er hinterher, daß ihm trotzdem die genannten Befugnisse zustehen) aus der Sicht eines unzulässigen venire contra factum proprium durchaus gerechtfertigt erscheinen[54]. Denn bei Alleinberechtigung des Dritten erweckt der Versprechensempfänger, wie unten zu zeigen sein wird, bei den übrigen Beteiligten berechtigterweise den Eindruck, er habe es allein dem Dritten überlassen wollen, sich um die künftige Entwicklung des Vertrages zu kümmern. Diese bei dem Vertragspartner hervorgerufene Auffassung von dem Inhalt der vertraglichen Regelung muß der Versprechensempfänger nun, bei Schlechterfüllung des Vertrages, gegen sich gelten lassen[55].

### III. Die Zumutbarkeitsgrenze gegenüber dem Versprechenden

Der Versprechende hat als Schuldner im Vertrag zugunsten Dritter nicht die gewöhnliche Rechtsstellung eines Vertragsschuldners. Das Vorhandensein zweier Gläubiger im Vertrag bringt für ihn grundsätzlich

---

[53] Vgl. *Gast*, S. 26 - 27; a. A. *Meusel*, S. 18 ff.; vgl. auch *Grunsky*, § 1 II 1, in Athenäum Zivilrecht I, S. 624.

[54] Die Annahme dagegen eines — stillschweigenden — Verzichts des VE auf sämtliche Rechte aus dem Vertrag (vgl. etwa *Cohen-Martens*, S. 46 - 47 hinsichtlich „aller Ansprüche") würde zu der Schaffung eines fiktiven Parteiwillens führen, da es ja an einer finalen Selbstbestimmung des VE fehlen wird; zum Unterschied zwischen Verzicht und venire contra factum proprium vgl. *Staudinger/Weber*, Bem. D 344 zu § 242; *Soergel/Siebert/Knopp*, § 242 Rdnr. 230; a. M. *Lehmann/Hübner*, Allg. Teil, § 15 I 2 c.

[55] Darüber, daß die Maxime des venire contra factum proprium nicht auf subjektive Gesichtspunkte aufbaut (Verschulden des widersprüchlich Handelnden), sondern einen Ausfluß des Vertrauensschutzprinzips darstellt vgl. *Wieacker*, S. 28; *Riezler*, S. 165 ff.; *Staudinger/Weber*, Bem. D 323 ff., insbes. D 338 zu § 242; *Soergel/Siebert/Knopp*, § 242 Rdnr. 229; *Esser* I, § 6 III 1; *Larenz* I, § 10 II b; *Sontis*, S. 151 Fußn. 12; *Canaris*, Die Vertrauenshaftung, insbes. S. 270 ff., S. 287 - 288.

nur Nachteile⁵⁶. Nicht nur die Sphäre seiner Rechtsgüter wird der Einwirkungsmöglichkeit zweier Personen ausgesetzt, sondern darüber hinaus entsteht für ihn aus der Spaltung der Gläubigerrolle eine gewisse Rechtsunsicherheit, insbesondere bei der Rechtsverfolgung wegen Leistungsstörungen, die er zu vertreten hat. Dadurch ist die übliche Zumutbarkeitsgrenze gegenüber dem Schuldner zu Lasten des Versprechenden verschoben. Nun dürfte es unsere Aufgabe sein, die neue Grenze auf Grund der im § 334 BGB enthaltenen Gesetzeswertung zu ziehen.

Mit der Hereinnahme des Dritten als zweiten Gläubigers in die vertragliche Regelung wird für den Versprechenden die Gefahr einer unbilligen Behandlung eröffnet. Die Milderung dieser Gefahr stellt sich hier als notwendig dar, weil sonst der Vertrag zugunsten Dritter seiner sozialwirtschaftlichen Funktion kaum gerecht werden könnte. Es wäre nämlich sehr schwierig, einen Schuldner zu finden, der bereit wäre, sich einer für ihn so nachteiligen Regelung zu unterziehen. Deswegen hat der Gesetzgeber im § 334 BGB dem Versprechenden als notwendiges Korrelat gegen diese Verschiebung der Opfergrenze die Möglichkeit gewährt, Verteidigungsmittel aus dem Deckungsverhältnis auch gegenüber dem Dritten geltend zu machen. Der § 334 BGB spricht freilich von Einwendungen, worunter solche im weiteren Sinne zu verstehen sind⁵⁷; durch diese Vorschrift ist jedoch die gesetzgeberische Intention zum Ausdruck gebracht worden, die Grenzen überhaupt zwischen der Rechtsstellung des Versprechenden und der des Dritten zu ziehen. In § 334 BGB hat — über das Verbot der Verschlechterung der allgemeinen Rechtsposition des Dritten hinaus — der Rechtsgedanke Niederschlag gefunden, daß durch die Einbeziehung des Dritten in den Vertrag zu dessen Gunsten der Versprechende nicht erheblich schlechter gestellt sein darf⁵⁸.

Was nun den Versprechenden anbelangt, so kann dieser Rechtsgedanke dahin weitergedacht werden, daß sich nicht nur die Mittel des Versprechenden zur Bekämpfung der Gläubigerseite, sondern auch seine Rechtsvorstellungen nach dem Inhalt des Deckungsverhältnisses (im Gegensatz zum Valutaverhältnis) bestimmen sollen. Der Versprechende ist also berechtigt, sämtliche Vorstellungen über seine Rechte und Pflichten aus dem Vertrag zugunsten Dritter auf Grund des jeweiligen Inhalts des Deckungsverhältnisses (sowie verständlicherweise des direkten Leistungsverhältnisses) zu bilden und sich darauf gegen beide Gläu-

---

⁵⁶ Vgl. *W. Lange*, S. 8, nach dem der VzugD bei Leistungsstörungen seitens des V stets „haftungserweiternden Inhalt" hat; hinsichtlich der rechtsähnlichen Stellung des Schuldners bei einer Gesamtgläubigerschaft vgl. *de Boor*, S. 98; vgl. auch Mot. II, S. 158.

⁵⁷ Vgl. *Staudinger/Kaduk*, Bem. 19 ff. zu § 334; *Wilde* in RGRK, Anm. 2 zu § 334; *Erman/Westermann*, Bem. 4 zu § 334.

⁵⁸ Vgl. *Staudinger/Werner*, Bem. I zu § 334; *Staudinger/Kaduk*, Bem. 2 zu § 334.

§ 6. Interessenlage und Interessenwürdigung

biger zu berufen. Damit ist bereits ein für unsere Untersuchung relevanter Gesichtspunkt angesprochen. Es handelt sich nämlich um das legitime Interesse des Versprechenden daran, zu wissen, woran er ist[59]. Die den neuralgischen Punkt der vorliegenden Arbeit bildende Frage, wer eigentlich der Gläubiger bei einem Vertrag zugunsten Dritter ist, von wem also der Versprechende Äußerungen der Gläubigerstellung erwarten darf und muß, bedarf hierbei zur Beseitigung der sonst zu einer unzumutbaren Benachteiligung des Versprechenden führenden Rechtsunsicherheit unbedingt einer Beantwortung.

Keine Bedenken bestehen darüber, daß der Dritte Gläubiger ist, da er ja die Bewirkung der vertraglichen Leistung an sich selbst verlangen kann. Die Bejahung der Gläubigerposition des Dritten bereitet heute, wie gesagt, keine Denkschwierigkeiten. Der Versprechende muß demnach in die Person des Dritten stets den eigentlichen Gläubiger aus dem Vertrag sehen, der durch die von ihm herbeigeführten Leistungsstörungen der in erster Linie materiell Betroffene ist. Problematisch ist dagegen in dieser Hinsicht die Rechtsstellung des Versprechensempfängers.

Es wird hierbei davon ausgegangen, daß das Gesetz in § 335 BGB den *Normalfall*[60], in dem nämlich der Versprechensempfänger zur Wahrnehmung seines lebhaften Interesses an der Abwicklung des Vertrages Gläubiger geblieben ist — in dem Sinne, daß er die Erbringung der Leistung an den Dritten fordern kann, — zur dispositiven Auslegungsregel erhoben hat. Macht der Versprechensempfänger — nach Abweichung von dieser die normale Interessenkonstellation wiedergebende Gesetzesvorschrift — die Alleinberechtigung des Dritten zum ausdrücklichen Inhalt der vertraglichen Regelung, so stellt dies etwas *Außergewöhnliches* dar, das, verbunden, (wie oben dargelegt) mit dem Verdrängungsgedanken, nach Treu und Glauben mit Rücksicht auf die Verkehrssitte eine objektive Vertrauensgrundlage[61] schafft, die dem Versprechenden berechtigterweise den Eindruck erweckt, daß der Versprechensempfänger die Möglichkeit, die Erfüllung des Vertrages zu überwachen und dessen künftiges Rechtsschicksal zu beeinflussen, allein in die Hand des Dritten hat legen wollen. Er selbst hat nur die passive Rolle im Vertrag beibehalten wollen und zwar in dem Sinne, daß er zur Bewirkung der Gegenleistung jedenfalls verpflichtet ist. Hat der Versprechensempfänger die ihm obliegende Leistung bereits erbracht, so nimmt dieser Vertrauenstatbestand an Stärke noch zu. Das Deckungsverhältnis wird nun abgeschlossen und die völlige Ausscheidung des Versprechensempfängers aus dem Vertrag scheint hier zweifellos zu sein[62].

---

[59] Vgl. *Heinrich Lange*, NJW 1965, 658.
[60] *Stammler*, S. 170; *Lorenz*, AcP 168, 291.
[61] Dazu vgl. *Canaris*, Die Vertrauenshaftung ..., insbes. S. 491; vgl. auch dort zu den allgemeinen Merkmalen der Vertrauenshaftung, auf deren strenge Prüfung aber für die Gewinnung der Überzeugungskraft der hier herangezogenen Topoi nicht eingegangen werden braucht.

Ob der Versprechensempfänger dies tatsächlich gewollt hat und aus welchen Beweggründen, ist hierbei gleichgültig. Nicht immer wird es am Erklärungsbewußtsein fehlen[63]. In der Regel wird es sich jedoch lediglich um ein „scheinschlüssiges" Verhalten des Versprechensempfängers handeln[64]. Von rechtlicher Bedeutung ist hingegen, daß das bei dem Versprechenden berechtigterweise erweckte Vertrauen ihm zurechenbar ist, weil ihm bei dem Abschluß des Vertrages zugunsten Dritter vollkommen frei stand, eine andere Regelung zu treffen, die diesen Vertrauenstatbestand nicht erzeugt hätte.

In diesem Fall ist der Versprechende also berechtigt, Äußerungen der Gläubigerseite ausschließlich von dem Dritten zu erwarten. Das Interesse des Versprechensempfängers am Schicksal des Vertrags zugunsten des Dritten, wenn es überhaupt tatsächlich besteht, verdient dabei insoweit keine Berücksichtigung.

Anders ist gewiß die Rechtslage im Falle der Mitberechtigung (§ 335 BGB). Hier hat der Versprechensempfänger, indem er Gläubiger neben dem Dritten geblieben ist, sein Interesse an der künftigen Entwicklung des Vertrages aktiv wahrnehmen wollen. Die Gläubigerstellung des Dritten ist damit freilich nicht geändert. Der Versprechende weiß in diesem Fall, daß er es mit zwei Gläubigern zu tun hat. Die Ausübung der Gläubigerrechte wird also hier stets von beiden zu erwarten sein[65].

Wenn nun der Richter auf Grund der individualisierten Umstände im konkreten Fall erkennt[66], daß sich die Erweckung eines Vertrauens in der erwähnten Richtung ungerechtfertigt darstellt, (dem Versprechenden war z. B. eine im Valutaverhältnis existierende Vereinbarung über die Aufteilung der Gläubigerbefugnisse zwischen dem Versprechensempfänger und dem Dritten bekannt) wird dies bedeuten, daß ein atypischer Fall vorliegt und deswegen die ergänzende Vertragsauslegung hier eingreifen soll. Die Richtigkeit unserer Ausführungen, die, wie noch zu zeigen sein wird, für die Beurteilung der Rechtslage stets auf das standardisierte Verhalten der Beteiligten abstellen, wird damit keineswegs erschüttert.

---

[62] Dies wird besonders von *Heinrich Lange*, NJW 1965,662 und *Ruppert*, S. 121, 122 betont.

[63] Nach den Prot. I, S. 764 „könne es Fälle geben, in welchen nach der Absicht der Parteien der Versprechensempfänger überhaupt keine Gläubigerrechte erlangen solle und es sich nur darum handele, den Versprechenden zu binden".

[64] Vgl. *Canaris*, Die Vertrauenshaftung ..., S. 17 - 18; vgl. auch zu der „Vertrauenshaftung kraft schlüssigen Verhaltens im Rechtsverkehr" *Staudinger/Coing*, Vorbem. 3e - 3f vor § 316.

[65] Inwieweit in diesem Fall die Vorschriften über die Gesamtgläubigerschaft auch auf den VzugD Anwendung finden, s. unten, § 6 IV.

[66] Zum „subjektitven Vertrauenselement" vgl. *Eichler*, S. 18.

## § 6. Interessenlage und Interessenwürdigung

Zu wiederholen ist in diesem Zusammenhang, daß die Kenntnis des spezifischen Inhalts des Valutaverhältnisses dem Versprechenden nicht zugemutet werden kann. Um so weniger, weil er wie gesagt, Einwendungen aus diesem Verhältnis dem Dritten nicht entgegenhalten darf[67]. Deshalb können Lösungen, die ihre Plausibilität aus dem Valutaverhältnis herleiten, nicht für sachgerecht gehalten werden[68]. Vielmehr muß der Akzent auf äußere (Vertrauens)tatbestände — wie vorwiegend die Drittbegünstigungsform — gesetzt werden[69]. Schließlich ist hierbei zu bemerken, daß die Erkenntnis, daß die hier herangezogenen Gesichtspunkte für beide typische Fallgruppen von Verträgen zugunsten Dritter (mit Versorgungscharakter und abgekürztem Leistungsweg) zutreffen, die Wertlosigkeit einer Differenzierung zwischen beiden für die Zwecke der vorliegenden Untersuchung bestätigt.

Aus den oben ausgeführten Erwägungen ist bereits deutlich geworden, daß das Interesse des Versprechenden daran, zu wissen, woran er steht, mit dem Interesse der Verkehrssicherheit und Verkehrsschnelligkeit identisch ist. Die Brauchbarkeit dieser Erkenntnis glauben wir sichtbar machen zu können, insbesondere bei der Beurteilung der Frage, ob bei einem Vertrag zugunsten Dritter, durch den eine Schenkung des Versprechensempfängers an den Dritten bezweckt wird, die Beachtung der Form des § 518 BGB erforderlich ist[70]. Daran, daß die ratio legis dieser Vorschrift — denjenigen, der eine Schenkung verspricht, vor unbedachten und übereilten Vermögensbelastungen zu bewahren — auch für den Versprechensempfänger in diesem Fall zutrifft, dürfte u. E. kein Zweifel bestehen[71]. Fraglich ist nur, ob dieses Interesse des Versprechensempfängers letzthin geschützt werden muß.

Die überwiegende Meinung erklärt mit Recht nur das Deckungsverhältnis als in dieser Hinsicht rechtlich relevante Beziehung[72]. Über die Begründung besteht jedoch keine Einigkeit. Die Rechtsprechung und ein großer Teil der Literatur bejahen zwar das schutzbedürftige Interesse des Versprechensempfängers in diesem Fall, nehmen aber im Wege des § 518 Abs. 2 BGB eine Heilung des Formmangels mit der Begründung an, daß durch die Entstehung des Drittanspruchs die Schenkung bereits vollzogen sei[73]. Eine andere im Schrifttum lebhaft vertretene Ansicht

---

[67] s. oben, § 6 I.
[68] Vgl. etwa *Ruppert*, S. 120 ff.
[69] Zu diesem Bestreben in den modernen Rechtsordnungen vgl. *Wellspacher*, Einleitung und S. 114.
[70] Die Entscheidung dieser Frage wurde bekanntlich der Rechtswissenschaft anheimgestellt, vgl. Mot. II, S. 270.
[71] So *Leonhard*, § 178.
[72] Vgl. außer den unten erwähnten Autoren auch RGZ 88, 137; RGZ 106, 1; BGHZ 54, 145; *Planck/Siber*, Bem. 7 zu § 328; *Soergel/Siebert/Schmidt*, Vorbem 19 vor § 328; *Blomeyer*, § 42 III.
[73] So RGZ 128, 187; BGH NJW 1975, 382; *Hellwig*, S. 348; *Staudinger/Werner*,

geht dahin, das Interesse des Versprechensempfängers sei in diesem Fall nicht schutzbedürftig, weil er wisse, daß er „die schenkweise Verschaffung des Drittanspruchs mit der sofortigen Belastung seines Vermögens gegenüber dem Versprechenden erkaufe"[74]. Beide Ansichten, wenn auch zu richtigen Resultaten führend, vermögen nicht vollkommen zu überzeugen, weil beide erstaunlicherweise die rechtlichen Belange des Versprechenden außer acht lassen. Insoweit ist durch die Argumentation der h. M. die These *Leonhards,* der eine analoge Anwendung des § 518 BGB in diesem Fall — allerdings nur, soweit es sich um ein bloßes Versprechen des Versprechensempfängers an den Versprechenden für die Zukunft handelt — befürwortet[75], noch nicht völlig widerlegt.

Wirklich kann dieses Problem u. E. nur dann befriedigend gelöst werden, wenn es auch vom Standpunkt des Versprechenden aus betrachtet wird und nur auf Grund einer richtigen Abwägung der in diesem Fall hineinspielenden Interessen. Dem Versprechenden ist die Kenntnis des konkreten Inhalts des Valutaverhältnisses nach dem gesagten nicht zumutbar. Von ihm kann also nicht verlangt werden, daß er in jedem Fall der Vornahme eines Vertrags zugunsten Dritter gezwungen sein soll, auf die internen Beziehungen des Versprechensempfängers zu dem Dritten einzugehen und stets zu prüfen, ob darin eine Schenkung beabsichtigt ist oder nicht, um zu erfahren, ob er einen rechtswirksamen Vertrag ohne Einhaltung der Form des § 518 BGB abschließen kann. Das hätte eine erhebliche Erschwerung des Rechtsverkehrs — soweit er durch die Institution des Vertrags zugunsten Dritter gefördert wird — zur Folge, und es besteht kein Grund, das Interesse des Versprechensempfängers hier als ein höherrangiges anzusehen. Der Versprechende ist folglich berechtigt, allein auf den Inhalt des Deckungsverhältnisses zu vertrauen und auf Grund dessen zu erfahren, ob der abzuschließende Vertrag zugunsten Dritter einer Form bedarf[76]. Die Frage der Formbedürftigkeit ist also mit der h. M. ausschließlich auf Grund des Deckungsverhältnisses zu beantworten.

### IV. Die Eigenart der Gläubigerkonstellation im Falle der Mitberechtigung (§ 335 BGB)

Es wurde bereits gesagt, daß durch die Anordnung der konkurrierenden Mitberechtigung des Versprechensempfängers in § 335 BGB seinem

---

Bem. I 2 c zu § 328; *Oertmann,* Vorbem. 2a vor § 328; *Wilde* in RGRK, Anm. 15 zu § 328; *Erman/Westermann,* Bem. 5 zu § 328.

[74] So *Enneccerus/Lehmann,* § 35 V 2; *Staudinger/Kaduk,* Vorbem. 39 vor § 328, Bem. 26 zu § 328; *Palandt/Heinrichs,* Vorbem. 4 vor § 328; vgl. auch *Fikentscher,* § 37 VII; *Ligeropoulos,* ERMAK, Vorbem. 21 vor Art. 410 - 415.

[75] Vgl. *Leonhard,* § 178.

[76] Richtig hat *Bögemann* (S. 9) das Problem gesehen.

## § 6. Interessenlage und Interessenwürdigung

lebhaften Interesse an dem künftigen Rechtsschicksal des Vertrags zugunsten Dritter Rechnung getragen wird. Dieses Interesse wurzelt im Valutaverhältnis und stellt für die Figur des Vertrags zugunsten Dritter ein typisches Moment dar. Insoweit bildet die Mitberechtigung den Regelfall hinsichtlich der Drittbegünstigungsart. Andererseits läßt sich der Dritte, um zu der Verwirklchichung des Zieles des Valutaverhältnisses mit beizutragen, letztlich mit seinem Einverständnis in die vertragliche Regelung einbeziehen. Auf der Gläubigerseite des Vertrages vereinen also Versprechensempfänger und Dritter in einem eigentümlichen Bündnisverhältnis ihre Kräfte zu dem Zweck der Realisierung des durch den Vertrag zugunsten des Dritten angestrebten wirtschaftlichen Erfolgs[77].

Solange der Vertrag zugunsten Dritter regulär verläuft, bleibt dieses Bündnis bestehen. Erst mit einer Leistungsstörung seitens des Versprechenden wird es oft erschüttert. Denn in diesem Fall wird meistens seine Grundlage, das Valutaverhältnis, zugleich gestört. Erst dann entsteht, wie gesagt[78], in den wichtigsten Fällen das Bedürfnis nach selbständigem Schutz jedes Gläubigers; erst dann taucht das Problem der Machtaufteilung zwischen beiden auf.

Der Vertrag zugunsten Dritter entfaltet seine Wirkungen zwischen dem Versprechenden (auf der einen Seite) und dem Versprechensempfänger und dem Dritten auf der anderen Seite. In diesem Sinne kann die Rede von einer „Gegnerschaft" sein, aus der als Anliegen der ausgleichenden Vertragsgerechtigkeit — deren positiv-rechtliche Emanation die dem § 334 BGB zugrundeliegende Wertung ist — folgt, daß der Versprechende nicht nur die ihm aus dieser Konstellation entstehenden Nachteile tragen muß, sondern auch auf die Vorteile sich soll berufen dürfen[79]. Diese Erkenntnis wird im nächsten Teil namentlich im Rahmen der rechtlichen Behandlung eines Mitverschuldens des Versprechensempfängers oder des Dritten nutzbar gemacht.

Die Ansprüche des Versprechensempfängers und des Dritten im Falle der Mitberechtigung richten sich zwar auf die gleiche Leistung, rechtlich sind sie jedoch nicht gänzlich gleichen Inhalts, da ja der Dritte an sich selbst, der Versprechensempfänger aber nur an den Dritten die vertragliche Leistung fordern kann[80]. Der Versprechende hat andererseits nach dem Inhalt der vertraglichen Regelung die Leistung ausschließlich an den Dritten zu bewirken. Leistung an den Versprechensempfänger etwa

---

[77] Gerade im Fehlen einer Forderungskollision beim VzugD liegt nach *de Boor* (S. 40, 109) der Unterschied zu der Gesamtgläubigerschaft.
[78] s. oben, § 5 I.
[79] Zu der Zurechnung des D — dem V gegenüber — zu der Sphäre des VE vgl. *Erman/Westermann*, Bem. 8 zu § 328.
[80] So *Staudinger/Kaduk*, Bem. 11 zu § 335; *Wilde* in RGRK, Anm. 13 zu § 328; *Heinrich Lange*, NJW 1965, 661; a. A. *Enneccerus/Lehmann*, § 35 IV 2.

befreit ihn nicht von seiner Leistungspflicht. Ein typisches Merkmal der Gesamtgläubigerschaft — die Möglichkeit des Schuldners „nach seinem Belieben an jeden der Gläubiger" zu leisten — liegt hierbei nicht vor. Die hier zu behandelnde Forderungsmehrheitsgestaltung weicht also insoweit von der Gesamtgläubigerschaft ab, die als Normaltypus der Forderungsmehrheit das Regelungsmodell im Gesetz (§§ 428 ff. BGB) gebildet hat. Mit Recht wird also heute die von *Hellwig* vertretene Auffassung, daß im Falle der Mitberechtigung (§ 335 BGB) eine Gesamtgläubigerschaft im Sinne der §§ 428 ff. vorliege[81], einhellig abgelehnt[82].

Vielmehr handelt es sich hierbei um eine „besondere Art von Forderungsmehrheit", wie es heute heißt[83], deren rechtliche Handhabung gerade deshalb erhebliche systematische Schwierigkeiten bereitet. Mit der Abweichung des vorliegenden Sachverhalts von dem gesetzlich geformten Normalfall ist noch nicht gesagt, daß die einschlägigen Vorschriften der eigentümlichen Konstellation im Falle der Mitberechtigung keineswegs „passen" und deswegen schlechthin unanwendbar sind, zumal die materielle Interessenlage in beiden Fällen eine gewisse Homogenität aufweist[84]. Diese Frage verträgt u. E. keine globale Beantwortung, d. h. hinsichtlich aller Tatsachen, deren Wirkung bei der Gesamtgläubigerschaft in den §§ 429, 422, 425 BGB ausdrücklich normiert ist. Vielmehr sollte — im Wege einer typologischen Betrachtungsweise — die Wirkung jeder einzelnen Tatsache (Erlaß, Verzug, Kündigung, Rücktritt usw.) getrennt unter dem Aspekt der strukturellen Eigenartigkeit des Vertrages zugunsten Dritter geprüft werden. Läßt dieses methodische Verfahren das Ergebnis der Anwendung der Vorschriften über die Gesamtgläubigerschaft auf die vorliegende Rechtsgestaltung sachgerecht erscheinen, so ist nicht einzusehen, weshalb diese Vorschriften nicht auch auf diesen Fall analog herangezogen werden sollten[85].

In dieser Hinsicht hat also der BGH zutreffend seine Meinung, daß ein rechtskräftiges Urteil zwischen Versprechendem und Versprechensempfänger keine Wirkung gegen den Dritten hat, auf eine entsprechende

---

[81] Vgl. *Hellwig*, S. 310 ff.; auch *Rappaport*, S. 141.

[82] Vgl. *Schollmeyer*, Bem. 1 zu § 335; *Staudinger/Werner*, Bem. I 2 zu § 335; *Enneccerus/Lehmann*, § 35 IV 2; *Leonhard*, § 181; *Staudinger/Kaduk*, Vorbem. 29 vor § 328, Bem. 11 zu § 335; *Erman/Westermann*, Bem. 2 zu § 335; *Palandt/Heinrichs*, Bem. 1 zu § 335; *Heinrich Lange*, NJW 1965, 661; BGHZ 3, 385 = NJW 52, 178.

[83] *Staudinger/Kaduk*, Bem. 11 zu § 335; *Erman/Westermann*, Bem. 2 zu § 335; *Palandt/Heinrichs*, Bem. 1 zu § 335.

[84] So BGHZ 3, 385 = NJW 52, 178.

[85] Vgl. *Meusel*, S. 11; *Hitschfeld*, S. 21; *Baxmann*, S. 14. Im Grunde genommen meint auch *Hellwig* nichts anderes. Allein spricht er (S. 312) von einer „Subsumtion" unter den „Begriff" der Gesamtgläubigerschaft; zum Unterschied zwischen „Begriff" und „Typus" vgl. *Larenz*, Methodenlehre, 3. Aufl., S. 194 ff.; zur typologischen Methode vgl. S. 287 ff.

## § 6. Interessenlage und Interessenwürdigung

Anwendung der §§ 429 Abs. 3, 425 Abs. 2 gestützt[86]. Dagegen ist beispielsweise die gesetzliche Regelung der Wirkung eines Erlaßvertrages (§§ 429 Abs. 3, 423 BGB) mit der besonderen Rechtsnatur des Vertrages zugunsten Dritter unvereinbar[87]. Ferner ist — wie im nächsten Teil ausführlich dargetan wird — der im engen Zusammenhang mit diesen Bestimmungen stehende § 356 BGB über die Unteilbarkeit des Rücktrittsrechts auf den Vertrag zugunsten Dritter im Falle der Mitberechtigung anwendbar, nicht aber auch die Vorschriften der §§ 429 Abs. 3, 425 über die Wirkung der Kündigung.

„Wie man dieses Verhältnis — zwischen Versprechensempfänger und Drittem bei Mitberechtigung — im übrigen konstruieren will, ist praktisch von keinem rechtlichen Belang[88]." Immerhin ist es den bisher übernommenen Konstruktionsversuchen nicht gelungen, das ganze Thema zu fördern, und deswegen haben sie keine Resonanz in der Theorie und Praxis gefunden[89].

---

[86] Vgl. BGHZ 3, 385 = NJW 52, 158; so auch *Staudinger/Kaduk*, Bem. 24 zu § 335; *Erman/Westermann*, Bem. 2 zu § 335; *Palandt/Heinrichs*, a.a.O.; *Wilde* in RGRK, Anm. 3 zu § 355; *Heinrich Lange*, NJW 1965, 661; *Hadding*, AcP 171, 416 ff.; a. M. *Rosenberg/Schwab*, § 157 II 3.

[87] So *Staudinger/Werner*, Bem. I 2 zu § 335; *Planck/Siber*, Bem. 7c zu § 335; *Staudinger/Kaduk*, Bem. 12 zu § 335; *Hadding*, AcP 171, 411; a. M. *Hellwig*, S. 321.

[88] *Staudinger/Werner*, Bem. I 2 zu § 335; *Staudinger/Kaduk*, Bem. 14 zu § 335.

[89] Vgl. etwa *Planck/Sibers* Auffassung über das Vorliegen eines Falles der Mitgläubigerschaft bei einer unteilbaren Leistung (§ 432 BGB), *Planck/Siber*, Bem. 1a zu § 335 und *Siber* in HwR S. 558; vgl. auch die Ansicht von *Kress* (§ 25, 2d) über die Akzessorietät des Forderungsrechts des VE; vgl. auch neuerdings die Konstruktion von *Hadding* (AcP 171, 414; ders., Der Bereicherungsausgleich ..., S. 11) über eine „gesetzliche Ermächtigung des Versprechensempfängers".

*Dritter Teil*

# Die Auswirkungen der Schlechterfüllung seitens des Versprechenden auf die Gläubigerseite des Vertrags zugunsten Dritter

Die Suche nach den Lösungen auf der Grundlage der durch die vorhergegangene Analyse gewonnenen Erkenntnisse erfolgt an dieser Stelle hauptsächlich im Rahmen des echten Vertrags zugunsten Dritter. Gleichwohl wird hier nebenbei noch untersucht, wie sich die Schlechterfüllung der Leistung seitens des Schuldners auf die Rechtsstellung des Vertragsgläubigers und des Dritten beim unechten Vertrag zugunsten Dritter sowie in einem Vertrag mit Schutzwirkung für Dritte auswirkt.

## § 7. Beim unechten Vertrag zugunsten Dritter

In dieser Vertragsgestaltung bleibt der Dritte, wie gesagt[1], hinsichtlich der Primärleistung prinzipiell vertragsfremd. Ein (direktes) Leistungsverhältnis zwischen ihm und dem Versprechenden in dem Sinne, daß er die vertragliche Leistung fordern kann, entsteht in diesem Fall überhaupt nicht. Von einem in dieser Beziehung liegenden Erfüllungsinteresse des Dritten kann folglich nicht die Rede sein. Einziger Vertragsgläubiger ist der Versprechensempfänger. Wird der Vertrag in diesem Fall schlecht erfüllt, so stehen sämtliche innerhalb des Erfüllungsinteresses ausgelösten Gläubigerbefugnisse (Schadensersatzansprüche und Gestaltungsrechte) ausschließlich dem Versprechensempfänger zu[2]. Zum Ausgleich eines dem Dritten dadurch etwa entstandenen (mittelbaren) Schadens wird er grundsätzlich auf das Valutaverhältnis zu verweisen sein[3].

Kann sich der Dritte innerhalb dieses Verhältnisses an den Versprechensempfänger halten, so darf der Versprechensempfänger den Schaden des Dritten, den er zu ersetzen hat, als eigenen Schaden vom Versprechenden ersetzt verlangen[4]. Gelingt es dem Dritten aber nicht, auf

---

[1] s. oben, § 4 I.
[2] So *Ziolecki*, S. 12.
[3] Wurde etwa im Eingangsbeispiel c) der Kaufvertrag als unechter VzugD des D abgeschlossen und sollte der D nach dem Inhalt des Valutaverhältnisses eine mangelfreie Maschine erhalten, so erleidet der D einen Schaden dadurch, daß ihm die Maschine vom V mangelhaft geliefert wird. Dessen Schaden liegt in dem infolge der Mangelhaftigkeit geminderten Wert der Maschine.
[4] So *Hellwig*, S. 91; *Staudinger/Werner*, Vorbem. 100 vor § 249; *Enneccerus/Lehmann*, § 17 I 2 a.

Grund des Valutaverhältnisses schadlos auszugehen (weil z. B. ein Verschulden des Versprechensempfängers nicht bewiesen werden kann), so stellt es sich als billig dar, dem Versprechensempfänger zu gestatten, den Drittschaden vom Versprechenden zu liquidieren.

Zu diesem Zweck bieten sich u. E. zwei Wege an. Der Versprechensempfänger kann entweder selbständig auf Grund des Vertrags zugunsten Dritter (d. h. ohne auf die Rechtsfigur der Drittschadensliquidation zurückgreifen zu müssen) vorgehen, nach dessen weitergedachten Sinn der Versprechensempfänger nicht nur die Leistung, sondern auch den Schadensersatz an den Dritten verlangen kann[5], — dann ist naturgemäß der Schadensersatz an den Dritten zu entrichten[6] —, oder er kann den Weg über die Drittschadensliquidation beschreiten, wenn ihre spezifische Voraussetzungen vorliegen — dann kann er aber nach einer weitverbreiteten Meinung den Ersatz des Drittschadens an sich selbst fordern[7]. — Welchen Weg der Versprechensempfänger jeweils vorziehen wird, liegt in seinem Ermessen. Es ist möglich, daß der Versprechensempfänger ein Interesse daran hat, daß er selbst zuerst den Schadensersatz erhält, weil ihm z. B. dadurch bei der Geltendmachung eines ihm gegen den Dritten etwa zustehenden Zurückhaltungs- oder Aufrechnungsrechts geholfen wird[8]. Ein eigenmächtiges Vorgehen des Dritten gegen den Versprechenden wäre dagegen in diesem Fall — abgesehen von der Abtretungsmöglichkeit[9] — nur dann möglich, wenn man bereit wäre, dem Dritten entgegen der h. M. eine direkte Schadensersatzklage gegen den Schädiger (Versprechenden) im allgemeinen zu gewähren[10], und zugleich die besonderen Voraussetzungen der Drittschadensliquidation im konkreten Fall gegeben wären.

---

[5] Vgl. *W. Lange*, S. 50; *Hellwig*, S. 92; *Enneccerus/Lehmann*, § 17 I 2 d; *Bögemann*, S. 49.

[6] a. M. *Hellwig*, S. 91 - 92, der allerdings im unechten VzugD stets einen Fall der DSL ansieht.

[7] Vgl. *Hellwig*, a.a.O.; *Blomeyer*, § 33 IV 2 d; *Larenz I*, § 27 IV b; *W. Lange*, S. 50 ff.

[8] Vgl. *Blomeyer*, § 33 IV 2 d; *Leonhard*, § 92; *W. Lange*, S. 52; für diejenigen jedoch, die eine Wahlmöglichkeit — Ersatzleistung an sich selbst oder an den D — des Vertragsgläubigers annehmen (so *Oertmann*, Vorbem. 3b vor § 249; *Leonhard*, § 92) oder für die Klage des Gläubigers auf Leistung des Schadensersatzes nur an den D plädieren (so *v. Thur*, Grünh. Zeitschrift 25, 566, 570; *Reinhard*, S. 118; *Enneccerus/Lehmann*, § 17 I 2 g; *Esser I*, § 43 II 6; vgl. ferner *Tägert*, S. 37; differenzierend nach Fallgruppen *v. Caemmerer*, ZBJV 100, 360 ff.), verliert naturgemäß die erwähnte Alternativität (VzugD oder DSL) an praktischer Bedeutung.

[9] Vgl. *Nastelski* in RGRK, Anm. 65 vor §§ 249 - 255; *Esser I*, § 43 II 6; *Blomeyer*, § 33 IV 2 d; *Larenz I*, § 27 IV b.

[10] Vgl. *Kluckhon*, AcP 111, 432 - 433; *Canaris*, Die Feststellung von Lücken im Gesetz, S. 158; *v. Tuhr*, a.a.O., S. 580 ff., allerdings nur in Notfällen; vgl. auch *Zirkel*, NJW, 1956, 1676, der bei DSL eine direkte Klage des D stets über einen VzugD gewährt wissen will.

Wie ist nun der Fall zu behandeln, in dem durch die Schlechterfüllung bei einem unechten Vertrag zugunsten Dritter das Integritätsinteresse des Dritten verletzt wird (etwa durch die Herbeiführung der Brandschäden im Eingangsbeispiel c)? Mit dieser Frage hat sich Theorie und Praxis bisher nur in geringem Umfang auseinandergesetzt, vornehmlich im Hinblick auf unechte Beförderungs- und Heilbehandlungsverträge zugunsten Dritter, bei denen das Vorliegen eines Vertrages mit Schutzwirkung für Dritte einhellig bejaht wird[11]. Über diese zwei typischen Fallgruppen hinaus hat jedoch diese Frage noch keine allgemeine Beantwortung gefunden.

Dabei kann u. E. der Gedanke der vertraglichen Schutzwirkung gegenüber Dritten weiterhin helfen. An dieser Stelle wird nämlich von uns der Standpunkt vertreten, daß bei einem unechten Vertrag zugunsten Dritter wegen der ausdrücklichen inhaltlichen „Drittbezogenheit" der Hauptleistung stets ein Vertrag mit Schutzwirkung für Dritte anzunehmen ist[12]. Die vertraglich vorgesehene Berührung des Dritten mit der Hauptleistung rechtfertigt nämlich nach Treu und Glauben die Annahme des Bestehens vertraglicher Schutzpflichten des Versprechenden gegenüber dem Dritten, so daß bei deren Verletzung dem Dritten ein direkter vertragsgemäß zu behandelnder Schadensersatzanspruch gegen den Versprechenden zukommt. Inwieweit sich die Zurückführung der Schutzpflichten auf den (normativ-hypothetischen) vertraglichen Parteiwillen in diesem Fall als fiktiv darstellen würde, mag hier dahingestellt bleiben[13]. Sicher ist allerdings, daß man auf Grund der hier vertretenen Auffassung den Boden gewinnt, um auch in atypischen Gebieten, vor allem im Kaufrecht (wie im erwähnten Beispiel) Verträge mit Schutzwirkung für Dritte weithin annehmen zu können.

Aus der Sicht des Versprechensempfängers wird nun die Verletzung der vertraglichen Schutzpflichten des Versprechenden gegenüber dem Dritten ständig eine Schlechterfüllung des Vertrages darstellen, die unter gewissen Voraussetzungen die allgemeinen Gläubigerbefugnisse (Schadensersatzansprüche und Gestaltungsrechte) auslösen kann. Ob jedoch der Versprechensempfänger in diesem Fall auch Schadensersatz an den Dritten verlangen kann, bleibt problematisch. Richtiger scheint uns zu sein, die Frage zu verneinen angesichts der Gefahr, die — bereits durch die Annahme eines direkten Schadensersatzrechts des Dritten — genügend erschwerte Stellung des Versprechenden mit der Bejahung der Möglichkeit einer mehrfachen Inanspruchnahme noch schlechter zu gestalten. Anderseits ist hier ein materieller Grund, der für eine sol-

---

[11] Vgl. statt vieler *Gernhuber*, Festschr. für Nikisch, S. 253 ff., mit vielen Judikaturnachweisen.

[12] s. oben, § 4 I; vgl. *Bydlinski*, JBl 1960, 362.

[13] Dazu vgl. *Bydlinski*, JBl 1960, 362.

§ 8. Beim echten Vertrag zugunsten Dritter

che Bevormundung der Interessen des Dritten durch den Versprechensempfänger sprechen würde, kaum einzusehen. Außerdem ist hier weder für die Rechtsfigur der Drittschadensliquidation Raum, noch ist der § 335 BGB (auf den die Annahme einer selbständigen — d. h. aufgrund des Vertrags zugunsten Dritter selbst gegebenen — Möglichkeit des Versprechensempfängers, auch sekundäre Ansprüche mit Surrogatscharakter zugunsten des Dritten geltend zu machen, gestützt wird) auf den vorliegenden Fall nach richtiger Meinung anwendbar[14]. Im Eingangsbeispiel c) wird also der K (VE) Ersatz der Brandschäden des D an ihn (den D) von V nicht fordern dürfen; dazu ist allein der D berechtigt.

### § 8. Beim echten Vertrag zugunsten Dritter

Es wurde bereits gesagt[15], daß bei Schlechterfüllung im allgemeinen Gläubigerrechte sowohl im Bereich des Erfüllungsinteresses als auch innerhalb eines übererfüllungsmäßigen Interesses ausgelöst werden können. Es wurde auch auf die mehrfache Zweckmäßigkeit dieser Differenzierung hingewiesen. Für die richtige Beurteilung des rechtlichen Verhaltens der bei Schlechterfüllung entstehenden Rechtsfolgen innerhalb eines Vertrags zugunsten Dritter erweist sie sich auch als förderlich.

#### I. Im Bereich des Erfüllungsinteresses

Bei einem Vertrag zugunsten Dritter bereitet innerhalb des Efüllungsinteresses, wie bereits dargelegt, vornehmlich der gegenseitige Vertrag erhebliche systematische Schwierigkeiten hinsichtlich unserer Problematik[16]. Anderseits wurde bisher die Erkenntnis gewonnen, daß die Mitberechtigung im Sinne des § 335 BGB und die Alleinberechtigung des Dritten interessengemäß zwei verschieden gelagerte und eben deshalb rechtlich gesondert zu behandelnde Fälle sind[17]. Daraus ergibt sich das Bedürfnis nach einer — auch in dieser Hinsicht — differenzierenden Untersuchung.

*A. Im Falle der Mitberechtigung (§ 335 BGB)*

1. Bei einseitigem Vertrag zugunsten Dritter

In Betracht kommen hierbei ein Anspruch des Gläubigers auf Ersatz des eigentlichen Schlechterfüllungsschadens (im Eingangsbeispiel a) etwa

---

[14] Zu dieser Problematik vgl. unten, § 9.
[15] s. oben, § 3 II.
[16] s. oben, § 2 I.
[17] Auch der BGH hält neuerdings (BGHZ 58, 184) eine solche Differenzierung für interessegerecht, allerdings nur im Rahmen der bereicherungsrechtlichen Abwicklung.

der an der Person des D zu bemessenden subjektiven Wertdifferenz zwischen einem — geschuldeten — gesunden und dem — erhaltenen — kranken Rassehund) und, falls das Interesse des Gläubigers an der Leistung infolge der Schlechterfüllung weggefallen ist, ein Schadensersatzanspruch wegen Nichterfüllung der ganzen Verbindlichkeit (§§ 280, 286 BGB analog).

Diese Ansprüche treten in der Regel — teilweise oder ganz — an die Stelle des ursprünglichen Leistungsanspruchs (so immer der Schadensersatzanspruch wegen Nichterfüllung) und sind dann der Erfüllungsanspruch mit verändertem Inhalt. Mitunter tritt indessen der Schadensersatzanspruch wegen Schlechterfüllung neben den primären Leistungsanspruch als ein im Gefüge des Schuldverhältnisses neuer Leistungsanspruch. Das geschieht, wenn die schlechterfüllte Leistung nachholbar ist und das Interesse des Gläubigers an der primären Leistung fortbesteht, infolge der Schlechterfüllung jedoch der Gläubiger einen — innerhalb des Erfüllungsinteresses liegenden — Schaden (z. B. entgangenen Gewinn) erleidet. Dann hat er neben dem ursprünglichen Leistungsanspruch einen sekundären Schadensersatzanspruch wegen Schlechterfüllung[18].

Jedenfalls haben diese sekundären Ansprüche das primäre Leistungsrecht als ursprüngliche Entstehungsquelle. „Sie fließen aus dem ursprünglichen Forderungsrecht." In diesem Sinne stellen sie sich als ein „Surrogat" des primären Leistungsrechts dar. Beim echten Vertrag zugunsten Dritter ist der Dritte zweifelsfrei Inhaber des Rechts auf die Primärleistung. Ihm stehen infolgedessen bei Schlechterfüllung (s. Eingangsbeispiel a) auch die genannten Schadensersatzrechte selbständig zu. Darüber ist man sich heute einig[19].

Da bei einem einseitigen Vertrag zugunsten Dritter — auch im Falle der Mitberechtigung — der Dritte als durch die Schlechterfüllung allein unmittelbar Betroffene Herrscher des Rechtsschicksals der Leistung ist, muß ihm ausschließlich die Befugnis vorbehalten sein, zu entscheiden, ob er den einen oder den anderen Schadensersatzanspruch geltend machen soll[20].

In diesem Fall wird dagegen die Rechtssphäre des Versprechensempfängers nicht unmittelbar berührt. Er hat freilich ein gewichtiges Inter-

---

[18] Zu dieser Problematik vgl. die gegenteiligen Ansichten von *Fikentscher*, § 47 III 1 und *Larenz* I, § 24 I a, der jedoch anscheinend eher den Anspruch auf Ersatz des Begleitschadens im Auge hat.

[19] So *Staudinger/Werner*, Bem. I 2 zu § 335; *Oertmann*, Bem. 7 zu § 328; *Enneccerus/Lehmann*, § 35 IV 1; *Hellwig*, S. 258 ff.; *Staudinger/Kaduk*, Vorbem. 24 vor § 328, Bem. 15 zu § 335; *Soergel/Siebert/Schmidt*, § 328 Rdnr. 4; *Palandt/Heinrichs*, Bem. 2 zu § 335; *Erman/Westermann*, Bem. 7 zu § 328; *Heinrich Lange*, NJW 1965, 663; *Ruppert*, S. 115 ff.

[20] Vgl. *Cohen-Martens*, S. 15.

esse an der Vertragsabwicklung — und zwar unabhängig von der im konkreten Valutaverhältnis enthaltenen causa — und er hat sich zu dessen Wahrnehmung zum Vertragsgläubiger gemacht. Dieses Interesse wird jedoch hierbei — mangels Gegenleistungspflicht und angesichts der Realisierbarkeit des im Valutaverhältnis angestrebten wirtschaftlichen Erfolgs in der Regel auch durch die Ausübung beider Schadensersatzrechte — durch das stärkere unmittelbare Interesse des Dritten an der Bestimmung des Rechtsschicksals seiner ursprünglichen Forderung zurückgedrängt.

Für die Ermittlung des Umfangs des zu ersetzenden Schadens kommt es naturgemäß nur auf die Person des Dritten an. Auch für die Beurteilung der Frage, ob das Gläubigerinteresse an der primären Leistung weggefallen ist, ist allein das Interesse des Dritten ausschlaggebend.

Hat sich der Dritte entschlossen, welchen Schadensersatzanspruch er geltend machen will, so entsteht erst dann die Frage, ob auch dem Versprechensempfänger diese sekundären Rechte zustehen in dem Sinne, daß er Schadensersatz an den Dritten verlangen kann[21]. Sicher ist allerdings, daß der mögliche Wortsinn der allein hierbei in Betracht kommenden Vorschrift des § 335 BGB diesen Fall nicht mitumfaßt[22]. Dies genügt jedoch nicht, um diese Frage zu verneinen. Vielmehr dürfte u. E. der Wortlaut dieser Bestimmung im Wege einer auf Grund materieller Erwägungen — wertend — erfolgenden teleologischen Extension gesprengt werden[23].

Die vorherrschende Meinung, die davon ausgeht, daß der Versprechensempfänger auch Gläubiger aus dem Vertrag im Falle der Mitberechtigung ist, erstreckt mit Recht den Anwendungsbereich des § 335 BGB auch auf diese Ansprüche mit der Begründung, daß es sich hierbei um ein „Surrogat" des ursprünglichen Rechts des Versprechensempfängers aus dem § 335 BGB handelt[24].

Dem ist hinzuzufügen, daß diese Ausdehnung des § 335 BGB sachgerecht und praktisch relevant ist. In Wahrheit entspricht sie der sozialwirtschaftlichen Funktion des Vertrags zugunsten Dritter. In den meisten Fällen wird nämlich die durch diese Vertragsfigur erzielte indirekte Vermögenszuwendung des Versprechensempfängers an den Dritten auch

---

[21] Vgl. *Hadding*, AcP 171, 420.
[22] So *Oertmann*, Bem. 5 zu § 335; *Hadding*, AcP 171, 418; *Ruppert*, S. 116 - 117.
[23] Dazu vgl. *Canaris*, Die Feststellung von Lücken im Gesetz, S. 89 ff.; *Larenz*, Methodenlehre 3. Aufl., S. 384 ff.
[24] Vgl. *Staudinger/Werner*, Bem. I 1 zu § 335; *Staudinger/Kaduk*, Bem. 3 zu § 335; *Cohen-Martens*, S. 33; *W. Lange*, S. 7 - 8; ferner *Hellwig*, S. 318; *Kress*, § 25, 2 d; *Bögemann*, S. 49; *Soergel/Siebert/Schmidt*, § 335 Rdnr. 2; *Palandt/Heinrichs*, Bem. 1 zu § 335; *Erman/Westermann*, Bem. 1 zu § 335; *Hadding* (AcP 171, 420) verweist für die Beantwortung dieser Frage auf die ergänzende Vertragsauslegung a. A. anscheinend *Oertmann*, Bem. 5 zu § 335; ausdrücklich *Heinrich Lange*, NJW 1965, 663 und ihm folgend *Ruppert*, S. 115 ff.

durch die Entrichtung des Schadensersatzes an den Dritten verwirklicht.

Indem wir also dem Versprechensempfänger die sekundären Rechte im Bereich des Erfüllungsinteresses auf Grund des sozialwirtschaftlichen Zwecks des Instituts zubilligen, machen wir ihn nicht zum „Vormund" des Dritten, wie die Anhänger der Gegenmeinung glauben[25] — obwohl es dem Wesen des Vertrags zugunsten Dritter meist nicht völlig fremd wäre — sondern zum Vormund seiner eigenen, im Valutaverhältnis zu suchenden Interessen, deren Wahrnehmung auch durch den Schadensersatz an den Dritten oft erreicht wird. In der Tat wird die Ausübung dieser Ansprüche nicht gegen die Interessen des Dritten wirken, sondern vielmehr dem Bündnisverhältnis der zwei Gläubiger dienen. Dem Versprechensempfänger wird nämlich die Möglichkeit gewährt sein, die sekundären Ansprüche zugunsten des Dritten geltend zu machen, vornehmlich wenn der Dritte aus irgendwelchen Gründen dazu nicht in der Lage ist. Diese Befugnis des Versprechensempfängers ist selbständig aus dem dem Vertrag zugunsten Dritter immanenten Zweck zu entnehmen, der in dem Genuß des zugewandten Vermögensnutzens durch den Dritten besteht. Deswegen kommen hier die besonderen Voraussetzungen der Drittschadensliquidation überhaupt nicht in Betracht. Ob man trotzdem diesen Fall auch einen Fall der zulässigen Drittschadensliquidation nennen möchte[26], ist praktisch indifferent.

Der Versprechensempfänger kann freilich nicht Schadensersatz wegen des Drittschadens an sich selbst fordern[27]. Erleidet er aber infolge der Schlechterfüllung der Leistung des Versprechenden an den Dritten einen eigenen Schaden (beispielsweise wird er vom Dritten im Valutaverhältnis auf Schadensersatz wegen Schlechterfüllung in Anspruch genommen)[28], so kann der Schadensersatz wegen Schlechterfüllung des Deckungsverhältnisses an sich selbst verlangen[29]. Die Leistungsstörung im direkten Leistungsverhältnis stellt, wie gesagt, stets eine Leistungsstörung auch im Deckungsverhältnis dar.

## 2. Bei gegenseitigem Vertrag zugunsten Dritter

Bei gegenseitigen Verträgen werden im allgemeinen, wie schon dargelegt, dem Gläubiger bei Schlechterfüllung, außer den genannten Scha-

---

[25] So *Heinrich Lange,* NJW 1965, 663 und *Ruppert,* S. 115 ff.
[26] Vgl. *Heinrich Lange,* Fußn. 68; *Hadding,* AcP 171, 419.
[27] Vgl. *Staudinger/Kaduk,* Bem. 6 zu § 335; *Soergel/Siebert/Schmidt,* § 335 Rdnr. 2; *Palandt/Heinrichs,* Bem. 1 zu § 335.
[28] Zum sog. „Haftungsinteresse" vgl. *v. Thur,* GrünhutsZ 25, 537 - 538.
[29] So die einhellige Meinung: *Staudinger/Werner,* Bem. I 1 zu § 335; *Staudinger/Kaduk,* Bem. 7 zu § 335; *Soergel/Siebert/Schmidt,* § 335 Rdnr. 2; *Wilde* in RGRK, Anm. 2 zu § 335; *Palandt/Heinrichs,* Bem. 3 zu § 335; *Esser* I, § 53 II; *Heinrich Lange,* NJW 1965, 663; *Hadding,* AcP 171, 420 - 421; *Ruppert,* S. 115 ff.

## § 8. Beim echten Vertrag zugunsten Dritter

densersatzansprüchen, wahlweise die Befugnisse aus § 325, 326 BGB gewährt[30]. Er kann entweder Schadensersatz wegen Nichterfüllung verlangen oder vom Vertrag zurücktreten. Bei einem Dauerschuldverhältnis hat, wie gesagt, der Gläubiger statt des Rücktrittsrechts ein Kündigungsrecht.

Für das Vorliegen der oben erwähnten Voraussetzungen zur Ausübung dieser Rechte bei einem gegenseitigen Vertrag zugunsten Dritter muß genügen, wenn sie entweder in der Person des Dritten oder in der Person des Versprechensempfängers gegeben sind[31]. Denn im vorliegenden Fall (Mitberechtigung) stehen beide als paritätische Verbündete auf der Gläubigerseite des Vertrages und niemand dürfte in dieser Hinsicht bevorzugt werden. Wollte man das Vorliegen dieser Voraussetzungen in der Person beider Gläubiger verlangen, so würde dies zu einer Erschwerung der Geltendmachung dieser Rechte und zugleich zu einer ungerechtfertigten Begünstigung des Versprechenden führen. Zu bemerken ist hierbei, daß in dem Fall, wo allein der Versprechensempfänger infolge der Schlechterfüllung im direkten Leistungsverhältnis kein Interesse mehr an der Fortsetzung des Vertrages hat, der Dritte nicht der Gefahr einer Benachteiligung ausgesetzt sein wird, weil ein rechtsgestaltendes Vorgehen des Versprechensempfängers ohne das Zusammenwirken mit dem Dritten hier nicht zulässig ist.

Es wurde bereits darauf hingewiesen[32], daß die bei Schlechterfüllung analog anzuwendenden Bestimmungen der §§ 325, 326 BGB auf den Vertrag zugunsten Dritter, wegen der Aufspaltung der Gläubigerstellung direkt nicht „passen". Im Vertrag zugunsten Dritter fallen nämlich der Leistungsanspruch und die Gegenleistungspflicht nicht in der gleichen Person zusammen. In dieser Hinsicht weicht, wie gesagt, der gegenseitige Vertrag zugunsten Dritter von dem normalen Typus des gegenseitigen Vertrages ab, der das Regelungsmodell für die §§ 320 ff. BGB gewesen ist. Damit ist jedoch keineswegs gesagt, daß diese Vorschriften auf den vorliegenden Fall letzthin unanwendbar bleiben müssen. Eine solche Folgerung würde nur auf eine unangebrachte Belohnung des vertragsuntreuen Versprechenden hinauslaufen und praktisch einer Rechtsverweigerung gleichkommen. Diese Erkenntnis führt zur Feststellung der hier vorliegenden Gesetzeslücke und rechtfertigt insoweit die Bezeichnung dieser Lücke als Anordnungs- oder Rechtsverweigerungslücke im Sinne von *Canaris*[33].

Aus diesem Grund scheint eine „entsprechende" Anwendung dieser Vorschriften auch auf den schlechterfüllten Vertrag zugunsten Dritter

---
[30] s. oben, § 3 II.
[31] Vgl. *Kisch*, S. 261; *Ruppert*, S. 123; nach *Cohen-Martens* (S. 16) ist dagegen allein das Interesse des Dritten maßgebend.
[32] s. oben, § 2 I.
[33] s. oben, § 2 I Fußn. 21.

sachlich geboten zu sein. Die damit unvermeidlich verknüpfte Auflockerung des funktionellen Synallagmas in diesem Fall dürfte deswegen nicht als unzulässig angesehen werden. Im Vertrag zugunsten Dritter kann man von der Existenz eines „unvollkommenen Synallagmas" sprechen, und zwar sowohl zwischen der Leistung des Versprechenden und der Gegenleistung des Versprechensempfängers, als auch zwischen dem Anspruch des Dritten und dem Anspruch des Versprechenden[34]. Allein die Unvollkommenheit der synallagmatischen Beziehung hindert bei einem Vertrag zugunsten Dritter die — entsprechende — Anwendung der Vorschriften der §§ 320 ff. BGB entweder in der Person des Versprechensempfängers oder in der Person des Dritten nicht; destoweniger wenn beide rechtlich zusammenwirken. Ist eine entsprechende Anwendung der erwähnten Bestimmungen als sachlich geboten zu bejahen, so entsteht nun die Frage, nach welcher Richtung diese Anwendung zu erfolgen hat.

Die vorherrschende Meinung, von dem formell — systematischen Standpunkt ausgehend, daß allein der Versprechensempfänger Vertragspartei ist, gewährt ausschließlich ihm die Rechte aus §§ 325, 326 BGB. Dem Dritten dagegen können nicht Befugnisse zustehen, deren Ausübung den zwischen dem Versprechenden und dem Versprechensempfänger geschlossenen Vertrag zur Auflösung bringe. Da aber die h. M. anerkennt, daß durch die Geltendmachung dieser Befugnisse auch die Rechtssphäre des Dritten stets berührt wird, macht sie konsequenterweise die Ausübung dieser Rechte seitens des Versprechensempfängers von einer Zustimmung des Dritten abhängig[35], ohne jedoch tiefer zu prüfen, ob die „Zustimmung" als strukturbedingte gesetzestechnische Form der Ausübung der hier vorliegenden „Mitzuständigkeit" des Dritten zur Schaffung der rechtlichen Neuordnung der Sachlage in diesem Fall entspricht[36]. Ferner hält die h. M. — und dies ist auch ein Symptom

---

[34] Der h. M. liegt anscheinend die Annahme einer synallagmatischen Beziehung allein zwischen der Leistung des Versprechenden und der Gegenleistung des Versprechensempfängers zugrunde; dagegen vertritt *Hadding* (AcP 171, 414) die extreme These, daß ein funktionelles Synallagma nur zwischen dem Anspruch des Dritten auf die Leistung und dem Anspruch des Versprechenden auf die Gegenleistung besteht, mit der Folge, daß für die Anwendung der §§ 320 ff. BGB nur die Person des Dritten in Betracht kommen könne.

[35] So RGZ 101, 275; *Staudinger/Werner*, Bem. II 1b aa β zu § 334, Bem. I zu § 335; *Planck/Siber*, Bem. 4c zu § 335; *Hellwig*, S. 258 ff., 304 ff.; *Kress*, § 25, 1 f.; *Enneccerus/Lehmann*, § 35 IV 1; *Staudinger/Kaduk*, Vorbem. 24 vor § 328, Bem. 31 ff. zu § 334, Bem. 4, 16 zu § 335; *Soergel/Siebert/Schmidt*, § 328 Rdnr. 4, § 335 Rdnr. 3; *Wilde* in RGRK, Anm. 2, 3 zu § 335; *Palandt/Heinrichs*, Bem. 2, 3 zu § 335; *Erman/Westermann*, Bem. 7 zu § 328; *Blomeyer*, § 42 VI 2 b; gegen die Zustimmungsbedürftigkeit *Schollmeyer*, Bem. 1b zu § 335 und neuerdings *Grunsky*, § 1 II 1, in Athenäum Zivilrecht I, S. 623 - 624.

[36] Dazu vgl. *Thiele*, Die Zustimmungen in der Lehre vom Rechtsgeschäft, insbes. S. 124 ff. und S. 137 - 138.

## § 8. Beim echten Vertrag zugunsten Dritter

der Betrachtungsweise, der sie folgt — die Mitberechtigung (§ 335 BGB) und die Alleinberechtigung des Dritten für gleichgelagerte Fälle und demgemäß behandelt sie beide Fälle einheitlich[37].

Die Identität zwischen dem Vertragsschließenden und dem Inhaber der Rechte aus §§ 325, 326 BGB ist dennoch keine logische Notwendigkeit. Dies wird ersichtlich, wie gesagt, wenn man den Vertrag zugunsten Dritter differenzierend zwischen Vertrag als Akt und Vertrag als lex contractus betrachtet[38]. Die Gestaltung des Inhalts des Vertrages zugunsten Dritter — genauso wie jedes schuldrechtlichen Vertrages — gehört dem Bereich der Privatautonomie an. Dieses selbstverständliche Prinzip wird in § 328 Abs. 2 BGB besonders akzentuiert, nach dessen wahren Sinn für die Beurteilung sämtlicher bei der Entstehung und Entwicklung des Vertrags zugunsten Dritter auftauchende Fragen vorwiegend der Parteiwille maßgebend sein soll. Den Vertragsparteien steht also zunächst völlig frei, die Normierung auch dieser Frage, wem nämlich die genannten Befugnisse zustehen sollen, zum Inhalt der durch den Vertrag zugunsten Dritten geschaffenen lex contractus zu machen[39]. Für die Kontrahenten besteht u. E. die prinzipielle Möglichkeit, über diesen Weg auch im Falle der Mitberechtigung (§ 335 BGB) sämtliche Gestaltungsrechte in die Hand des Dritten zu legen[40].

Für diejenigen, die für eine Berechtigung des Dritten auch hinsichtlich der Gestaltungsrechte plädieren[41], heißt es, daß sie nicht von der Systemkonformität ihrer Ansicht zu überzeugen haben, sondern einfach davon, daß sie dem meist normativ — d. h. nach Treu und Glauben — verstandenen Parteiwillen eher entspricht. Mit a. W. müssen sie die Sachgerechtigkeit dieser Lösung plausibel machen.

Immerhin wird die vorsorgliche Phantasie der Parteien bei dem Vertragsschluß sehr selten bis zu diesem Punkt (Regelung dieser Frage) reichen. In der Regel wird an einer ausdrücklichen Regelung hierüber fehlen. Daß es möglich ist, bei der Entscheidung eines konkreten Falles mit atypischer Interessenlage[42] die Lösung dieses Problems auf Grund

---

[37] Vgl. insbes. *Staudinger/Werner*, Bem. II zu § 335; *Staudinger/Kaduk*, Bem. 17 zu § 335; *Erman/Westermann*, Bem. 1 zu § 335.

[38] Dazu s. oben, § 5 III.

[39] Vgl. Prot. I, S. 764; *Kress*, § 25, 1 f.

[40] So *Kress*, § 25, 1 f.; diese Möglichkeit wird auch von *Molitor* (S. 68 ff.) nur hinsichtlich der Kündigung und von *Bötticher* (S. 30, 31) überhaupt anerkannt, nach dem die Figur des § 317 BGB als systematischer Anknüpfungspunkt für die Normatisierung des Prinzips der Privatautonomie in diesem Fall dienen kann.

[41] Vgl. *Heinrich Lange*, NJW 1965, 661 ff.; *Esser* I, § 53 II; *Hadding*, AcP 171, 414; *ders.*, Der Bereicherungsausgleich beim Vertrag zu Rechten Dritter, S. 72; *Ruppert*, S. 118 ff.

[42] Was „typisch" im VzugD ist, haben wir uns bemüht, im vorigen Teil dieser Arbeit zu zeigen.

des normativ-hypothetischen Parteiwillens gewinnen zu können, wird zwar nicht bestritten, hierbei wird jedoch zur Beantwortung dieser Frage nicht auf die ergänzende Vertragsauslegung verwiesen[43]. Hier wird vielmehr der Vertrag zugunsten Dritter als positiv-rechtlich geformte typische Rechtserscheinung untersucht, die in ihren einzelnen im Gesetz nicht geregelten Ausstrahlungen einer sinnvollen systematischen Einordnung bedarf. Die vorliegende Untersuchung bewegt sich folglich im Raum der „heteronomen Wertung", d. h. der in dieser Hinsicht regelungsbedürftige Vertrag zugunsten Dritter ist im Wege des — dispositiven — objektiven Rechts zu ergänzen[44]. Diese ergänzende Rechtsfindung hat durch Abwägubng der typischen Interessen der Beteiligten auf der Grundlage ihrer gesetzlichen Bewertung zu erfolgen. Die Gewinnung dieser objektiven Basis war gerade unsere Aufgabe in den vorhergegangenen Ausführungen.

Stellt sich auf diesem Wege heraus, daß ein Gestaltungsrecht allein dem Versprechensempfänger zustehen soll, so ist dagegen nichts einzuwenden. Dies ist etwa der Fall bei der Ausübung des Rechts zur Anfechtung des fehlerhaft entstandenen Vertrags zugunsten Dritter. Bei dem hier vorliegenden Interessen- und Prinzipienantagonismus verdient nach der gesetzlichen Wertung (§ 119 ff. BGB) das Interesse des Vertragsschließenden an der freien Bildung seines rechtsgeschäftlichen Willens (Willensprinzip) den Vorrang[45]. Mit Recht verneint also die überwiegend h. M. das Erfordernis jeglichen Zusammenwirkens des Dritten in diesem Fall[46]. Es ist nun möglich, daß der konkrete Inhalt des Valutaverhältnisses ergibt, daß ein Zusammenwirken des Dritten bei der Ausübung des Anfechtungsrechts durch den Versprechensempfänger (gleichgültig welcher gesetzestechnischen Art) erforderlich ist. In einem solchen Fall wird

---

[43] Will man den Weg über die ergänzende Vertragsauslegung beschreiten, so sind dann bestimmte Gesichtspunkte als Auslegungskriterien herauszuarbeiten und in die Hand des Richters zu legen, wollte man nicht, durch Verweisung auf den konkreten Fall, das Problem umgehen.

[44] Bei der Diskussion über das Verhältnis zwischen dispositivem Recht und ergänzender Vertragsauslegung herrscht durchaus die Ansicht, daß überall dort, wo der zu beurteilende Fall Typizität aufweist, die — gegebenenfalls fortzubildenden — dispositiven Normen am Platz sind; dazu vgl. *Larenz*, Allg. Teil, § 29 I, II; *ders.*, NJW 1963, 737 ff.; *Lüderitz*, S. 452 ff.; *Henckel*, AcP 159, 122 ff.; *Canaris*, Die Feststellung von Lücken im Gesetz, S. 53 - 54; *Soergel/Siebert/Knopp*, § 157 Rdnr. 103 ff.; *Flume*, § 16 Ziff. 4 b; *Brox*, JZ 1966, 765 - 766.

[45] So *Ennecerus/Nipperdey*, § 164 II 3; vgl. auch *Esser*, Grundsatz und Norm, S. 158 - 159.

[46] So *Hellwig*, S. 289; *Planck/Siber*, Bem. 1a zu § 334; *Staudinger/Kaduk*, Bem. 35 zu § 334; *Soergel/Siebert/Schmidt*, § 335 Rdnr. 3; *Erman/Westermann*, Bem. 7 zu § 328; *Palandt/Heinrichs*, Bem. 3 zu § 335; *Hadding*, Der Bereicherungsausgleich beim Vertrag zu Rechten Dritter, S. 71 ff.; *Grunsky*, § 1 II 1 in Athenäum Zivilrecht I, S. 623, a. A. *Heinrich Lange*, NJW 1965, 662; *Ruppert*, S. 64 ff.

das Alleinvorgehen des Versprechensempfängers bei der Anfechtung des Vertrages eine Verletzung seiner Pflichten gegenüber dem Dritten im Valutaverhältnis herbeiführen, die den Versprechensempfänger schadensersatzpflichtig wegen Schlechterfüllung machen wird[47] (ausgleichende Funktion des Valutaverhältnisses[48]).

a) Rücktritt, Schadensersatz wegen Nichterfüllung
nach der Differenztheorie und Wahlrecht

Anders als bei der Anfechtung des Vertrags zugunsten Dritter befinden sich die bei der Ausübung dieser Befugnisse hineinspielenden Interessen der Beteiligten in einem Gleichgewicht. Keine der Interessen scheinen hier den gesetzgeberischen Vorzug zu verdienen.

Der Versprechensempfänger hat auf seine Initiative diese eigentümliche Vertragsregelung geschaffen, um seine im Valutaverhältnis liegenden Belange wahrzunehmen. Aus der dargelegten gegenseitigen Abhängigkeit der drei innerhalb des gesamten Rechtsverhältnisses erwachsenden Beziehungen der Beteiligten rechtfertigt sich sein lebhaftes Interesse an der künftigen Vertragsabwicklung. Seine Absicht, dieses berechtigte Interesse aktiv zu wahren, hat der Versprechensempfänger bei dem Vertragsschluß zum Ausdruck gebracht, indem er Vertragsgläubiger neben dem Dritten geblieben ist (§ 335 BGB). Durch Schlechterfüllung im direkten Leistungsverhältnis wird, wie gesagt, zugleich das Valutaverhältnis meist erschüttert und erst dann eine Interessenkollision zwischen dem Dritten und dem Versprechensempfänger ausgelöst, die den selbständigen Schutz jedes einzelnen nötig macht[49]. Die Ausübung der hier zu behandelnden Rechte beeinflußt stark sowohl die Gegenleistungspflicht des Versprechensempfängers als auch das rechtliche Schicksal des Valutaverhältnisses. Wird das Rücktrittsrecht oder der Schadensersatzanspruch wegen Nichterfüllung im Sinne der Differenztheorie geltend gemacht, so wird die primäre Leistungspflicht des Versprechensempfängers aufgehoben — bzw. ist die bereits an den Versprechenden erbrachte Leistung an den Versprechensempfänger zurückzugewähren — und die durch den Abschluß des Vertrages zugunsten Dritter bezweckte mittelbare Zuwendung des Versprechensempfängers an den Dritten definitiv vereitelt. Im Valutaverhältnis wird dadurch, wie an Hand des Eingangsbeispiels b) schon ausgeführt wurde, die etwa immer noch bestehende Verbindlichkeit des Versprechensempfängers, deren Erfüllung die ordnungsgemäße Leistung des Versprechenden an den Dritten hätte dienen sollen, noch nicht erfüllt, bzw. lebt die bereits durch die Annahme des Rechts von dem Dritten aus dem Vertrag zu des-

---
[47] So *Hadding*, Der Bereicherungsausgleich..., S. 71 ff.
[48] Dazu s. oben, § 5 I.
[49] s. oben, § 6 IV.

sen Gunsten erloschene Leistungspflicht des Versprechensempfängers schuldrechtlich wieder auf[50]. Eindeutig ergibt sich also aus dieser tiefgreifenden Berührung seiner Rechtssphäre die „Zuständigkeit" des Versprechensempfängers zur Gestaltung der infolge der Schlechterfüllung notwendig gewordenen privaten Neuregelung[51].

Durch dessen Hereinnahme in den Vertrag zu seinen Gunsten wird auf der anderen Seite, wie gesagt, die Rechtsposition des Dritten in der Regel verbessert[52]. Ist das Valutaverhältnis unentgeltlich, so erwirbt der Dritte kraft des Vertrags zu seinen Gunsten meistens einen ganz neuen — vorher nicht bestandenen — Leistungsanspruch gegen den Versprechenden. Enthält andererseits das Valutaverhältnis eine Leistungspflicht des Versprechensempfängers gegenüber dem Dritten, so bringt für den Dritten die durch seinen Rechtserwerb aus dem Vertrag zu seinen Gunsten in der Regel erfolgende Gewinnung eines zweiten Schuldners der gleichen Leistung grundsätzlich Vorteile. Durch die Ausübung der Rechte aus §§ 325, 326 BGB wird auch der Dritte in seinem Rechtskreis berührt. Nicht nur sein Anspruch auf die primäre Leistung wird dadurch stark beeinflußt, sondern darüber hinaus seine Beziehungen zu dem Versprechensempfänger. Geltendmachung des Rücktrittsrechts oder des Schadensersatzanspruchs wegen Nichterfüllung nach der Differenztheorie heißt für den Dritten, daß seine einmal unwiderruflich entstandene primäre Forderung auf die Leistung des Versprechenden beseitigt wird und mithin sämtliche ihm aus der Vertrag erwachsenen Vorteile verloren gehen. Zur Wahrung seiner Interessen bietet sich nun allein das Valutaverhältnis an, wobei jedoch die Geltendmachung der genannten Befugnisse die Nichterfüllung der etwa darin bestehenden — bzw. das Wiederaufleben der bereits erfüllten — Leistungspflicht des Versprechensempfängers gegenüber dem Dritten herbeiführen kann. Aus diesem Grund soll, wie zu zeigen versucht wurde, ein oft verkanntes mittelbares Interesse des Dritten an der Geltendmachung dieser Rechte nach dem Versagen — wegen der Schlechterfüllung — des Vertrags zu seinen Gunsten als Leistungsweg nicht ausgeschlossen werden[53].

Darum ist man sich heute darüber einig, daß die hier zu behandelnden Befugnisse nicht allein dem Versprechensempfänger zustehen sollen. Wollte er ausschließlich berechtigt zur Ausübung dieser Rechte sein, so hätte er sich bei dem Vertragsschluß sämtliche Befugnisse aus dem Vertrag zugunsten Dritter oder wenigstens ein Widerrufsrecht bezüglich des Anspruchs des Dritten vorbehalten können. Ist dies nicht der Fall, so

---

[50] s. oben, § 5 III, § 6 I.

[51] Zum Problem der Zuständigkeit zur Mitwirkung bei der Schaffung der Neuordnung aufgrund des Prinzips der Privatautonomie vgl. *Thiele*, Die Zustimmungen in der Lehre vom Rechtsgeschäft, S. 14 ff.

[52] s. oben, § 6 I.

[53] s. oben, § 5 III, § 6 I.

würde es sich als unbillig darstellen, dem Versprechensempfänger die Möglichkeit in die Hand zu legen, durch die Ausübung dieser Rechte auch die Rechtsbeziehungen des Dritten ohne seine rechtsgeschäftliche Mitwirkung zu gestalten und dadurch in seine Rechtssphäre unzulässig einzugreifen[54].

Aus diesen materiellen Erwägungen ergibt sich das Erfordernis einer Mitwirkung des Dritten bei der Ausübung dieser Rechte und nicht aufgrund des formellen Arguments, dieser Fall werde angeblich vom § 328 Abs. 2 BGB mitumfaßt, wie dies *Grunsky* bei seinem Versuch annimmt, die von ihm vertretene Ansicht — daß der Versprechensempfänger ohne jede Rücksichtnahme auf den Dritten rechtsgestaltend vorgehen kann — durch das Argument zu gewinnen, daß sich § 328 Abs. 2 BGB nicht auf die durch die Ausübung des gesetzlichen Rücktrittsrechts erfolgende Entziehung des Rechts des Dritten bezieht[55].

Der h. M. schwebt dagegen die Mitzuständigkeit des Dritten zur Schaffung der Neuordnung vor. Nur bei der Ermittlung der geeigneten gesetzestechnischen Form zur Ausübung dieser Mitzuständigkeit des Dritten schlägt sie fehl, indem sie sich mit der — nicht weiter präzisierten — Zustimmung des Dritten begnügt[56].

Die Rechtssphäre des Dritten wird durch die Geltendmachung der bei Schlechterfüllung eines gegenseitigen Vertrags zugunsten Dritter resultierenden Rechtsbefugnisse genauso unmittelbar und primär berührt, wie die des Versprechensempfängers, da die Ausübung dieser Rechte unmittelbar auf die Beseitigung der ursprünglichen Leistungsansprüche gerichtet ist. Es ist mithin kein Grund einzusehen, weshalb im vorliegenden Fall die „Zustimmung" des Dritten als sachadäquate gesetzestechnische Form der Ausübung seiner Mitzuständigkeit angesehen werden sollte[57].

Dort, wo die Zustimmung als sachbedingtes gesetzestechnisches Instrument der Ausübung der Mitzuständigkeit eines Dritten kraft mittelbarer Rechts- oder Interessenbeteiligung (nur dieser Strukturtypus der Zustimmung kommt hier in Betracht) gesetzlich geordnet ist, weist die Sachstruktur keine Parallele zu der des Vertrags zugunsten Dritter auf. Dort handelt es sich vornehmlich um solche Fälle des Sachenrechts (etwa §§ 876, 880 Abs. 3, 1071, 1178 Abs. 2, 1245, 1255 Abs. 2, 1276, 1283 BGB), in denen durch die Verfügung des primär Zuständigen über das eigene

---

[54] Vgl. *Staudinger/Werner*, Bem. II 1 b aa β; *Staudinger/Kaduk*, Bem. 31 - 32 zu § 334; vgl. auch *Plank/Siber*, Bem. 4 b, c zu § 335; *Hellwig*, 305 ff.; *Ortmann*, Bem. 5 zu § 335.
[55] Vgl. *Grunsky*, § 1 II 1, in Athenäum Zivilrecht I, S. 624; gegen die Zustimmungsbedürftigkeit früher auch *Schollmeyer*, Bem. 1 b zu § 335.
[56] s. oben Fußn. 35.
[57] Zu der Zustimmungstechnik, vgl. *Thiele*, Die Zustimmungen ..., insbes. S. 125, 143.

Recht das in ihm bestehende beschränkte dingliche Recht des in keiner Beziehung zu dem Gegner stehenden Dritten nur reflexiv mitberührt wird[58].

Bei dem Vertrag zugunsten Dritter aber, wo der Dritte Subjekt der primär umzugestaltenden vertraglichen Regelung mit gleichwertiger Rechtsposition zu der des Versprechensempfängers ist und der Gegner (Versprechende) Äußerungen der Gläubigerstellung auch von dem Dritten als Vertragsgläubiger erwarten darf, ist die Sachstruktur ganz anders. Eine analoge Anwendung der diese Zustimmungstatbestände normierenden Gesetzesvorschriften auf den Vertrag zugunsten Dritter empfiehlt sich aus diesem Grund nicht. Man dürfte auch nicht etwa behaupten, die Zustimmung als organisatorische Form des Mitwirkens des Dritten sei in dem vorliegenden Fall aufgrund des § 328 Abs. 2 BGB („ohne dessen Zustimmung") bereits gegeben. Denn diese Vorschrift bezieht sich nur auf die vertragliche Beseitigung der Rechte des Dritten; die durch Ausübung der gesetzlichen Gestaltungsrechte erfolgende Entziehung des primären Drittanspruchs ist dagegen in § 328 Abs. 2 BGB nicht vorgesehen. Der beste Beweis dafür ist — ganz abgesehen von dem ausschließlichen Anfechtungsrecht des Versprechensempfängers — die allgemein anerkannte Möglichkeit des Versprechenden, bei Leistungsstörungen auf der Gläubigerseite des Vertrages das Recht des Dritten ohne seine Zustimmung durch die Geltendmachung der Gestaltungsrechte zum Erlöschen zu bringen[59].

Der spezifischen Sachstruktur des vorliegenden Falles entspricht u. E. als gesetzestechnische Mitwirkungsform vielmehr die mit dem Versprechensempfänger gemeinsame Beteiligung des Dritten an der Vornahme des Rechtsgeschäfts, d. h. sowohl an der Erklärung des Rücktritts als auch an der Wahl des Rücktrittsrechts oder des Schadensersatzanspruchs wegen Nichterfüllung im Sinne der Differenztheorie[60]. Es paßt am besten der dynamischen Natur dieser Befugnisse als Gestaltungsrechte und der Betrachtung des Versprechensempfängers und des Dritten als auf der Gläubigerseite des Vertrages zugunsten Dritter paritätisch stehenden Personen, daß beide durch gemeinschaftliches Handeln diese Gestaltungsrechte ausüben[61]. Vor allem aber trägt die hier vertretene Auf-

---

[58] Dazu vgl. *Thiele*, Die Zustimmungen ..., S. 143 ff.; *Enneccerus/Nipperdey*, § 204 I 4; *Flume*, § 54 Ziff. 1.

[59] Vgl. etwa *Staudinger/Kaduk*, Bem. 27 ff. zu § 334; *Heinrich Lange*, NJW 1965, 659; *Grunsky*, § 1 II 1, in Athenäum Zivilrecht I, S. 625. Nur insoweit hat *Grunsky* (S. 624) Recht.

[60] Das Verlangen nach Schadensersatz enthält dagegen „keine auf den Eintritt einer Rechtsänderung abzielende Willenserklärung"; vgl. *Esser* I, § 51 II 3.

[61] Nicht auf jedes Gestaltungsrecht paßt jedoch nach *Seckel* (S. 46) schlechthin die Form des § 356 BGB. Vielmehr wird die Art der Mitberechtigung nach der Art der Mitberechtigung an demjenigen Rechtsgeschäft bestimmt, zu dem das Gestaltungsrecht in Beziehung steht.

fassung dem Erwartungshorizont des Versprechenden Rechnung, dessen rechtliche Belange hierbei auch mit zu berücksichtigen sind. Bei ihm wird, wie gesagt, im Falle der Mitberechtigung (§ 335 BGB) berechtigterweise der Eindruck erweckt, daß er es mit zwei gleichwertigen Gläubigern zu tun hat und daher Äußerungen der Gläubigerstellung, also auch rechtsgestaltende Willenserklärungen, von beiden erwarten soll[62]. Das Vertrauen des Versprechenden in dieser Richtung ist insoweit schutzwürdig.

Als positiv-rechtlich bereit gehaltene Lösung bietet sich hierbei die Bestimmung des § 356 BGB an, nach der bei mehreren Beteiligten auf derselben Seite des Vertrages das Rücktrittsrecht nur von allen einheitlich ausgeübt werden kann. Hier braucht man nicht etwa zu zeigen, daß der Dritte, wenn auch als Erscheinung des „Randbereichs" des Ausdrucks „beteiligt" im Gesetz, von dessen möglichen Wortsinn mitumfaßt wird, um die Anwendung dieser Vorschrift auch auf den Vertrag zugunsten Dritter — im Wege einer „weiten" Gesetzesauslegung — zu begründen[63]. § 356 BGB hat nur den Normalfall, in dem nämlich die am Vertrag „Beteiligten" auch Kontrahenten sind, regeln wollen[64]. Die ratio legis dieser Vorschrift (Unzulässigkeit der Disposition über die Rechtsstellung des anderen und Vermeidung der Schaffung widerspruchsvoller Beziehungen zwischen den Beteligten[65]) trifft jedoch auch hierbei zweifellos zu. Einer analogen Anwendung dieser Vorschrift auch auf den Vertrag zugunsten Dritter steht deswegen u. E. nichts im Wege[66].

Als Vergleichsbasis kann hier die Figur der Gesamtgläubigerschaft dienen, auf die, richtiger Meinung nach, die Bestimmung des § 356 BGB anwendbar ist[67]. Eine Gegenleistungspflicht aller Gesamtgläubiger ist

---

[62] s. oben, § 6 III.
[63] Dazu vgl. *Larenz*, Methodenlehre, S. 341 ff.
[64] Vgl. etwa Mot. II, S. 284, wobei die Rede über „mehrere berechtigte Kontrahenten" ist. Vgl. auch *Hellwig*, S. 301, 309 Fußn. 609.
[65] Vgl. Mot. II, S. 284; *Hellwig*, S. 306.
[66] So die früheren Autoren *Ehrenzweig*, S. 142, 166; *Bobisch*, S. 36; *Meusel*, S. 21 ff.; *Eulenburg*, S. 23; *Hitschfeld*, S. 37; vgl. aber auch *Oertmann*, Bem. 5 zu § 335. Daß kein prinzipieller Unterschied zwischen der — extensiven — Auslegung und der Lückenergänzung durch Analogie besteht, sondern die letztere eine Fortsetzung der Auslegung auf anderer Stufe darstellt, wird heute oft betont; vgl. *Esser*, Grundsatz und Norm, S. 255, 259; *Larenz*, Methodenlehre, S. 350 ff.; *Canaris*, Die Feststellung von Lücken im Gesetz, S. 23.
[67] So *Planck/Siber*, Bem. 1 zu § 356; *Oertmann*, Bem. 1 zu § 356; *Wilde* in RGRK, Anm. 1 zu § 356; *Esser* I, § 58 IV 2; vgl. aber *Staudinger/Werner*, Bem. I 2 zu § 356 und *Soergel/Siebert/Schmidt*, § 356 Rdnr. 2, wobei im Anschluß an *Hellwig* (Anspruch und Klagrecht, S. 197 Fußn. 24) die Ansicht vertreten wird, daß bei der Vereinbarung einer Gesamtgläubigerschaft auch das Verfügungsrecht des Einzelnen als implizit vereinbart anzusehen sei; dies jedoch — dem die Auffassung über das Verfügungsrecht als „Zubehör" des Leistungsanspruchs zugrunde zu liegen scheint — hieße, auf den VzugD übertragen, daß auch der Dritte als leistungsberechtigt allein mit Wirkung auch für den VE den Rücktritt erklären könnte.

auch für die Gesamtgläubigerschaft kein Tatbestandselement und die hinsichtlich der aktiven Rolle der Gläubiger erscheinende starke Homogenität der Interessenlage in beiden Rechtserscheinungen macht sie mehr „ähnlich" als abweichend. Für die gesetzliche Wertung scheint hier dagegen die Eigenschaft des Kontrahenten keine relevante Rolle zu spielen. Die analoge Anwendung der für den Tatbestand der Gesamtgläubigerschaft geltenden Regelung des § 356 BGB auch auf den Vertrag zugunsten Dritter stellt sich daher als durchaus gerechtfertigt dar[68]. Hat im Eingangsbeispiel b) also der D (oder der VE) an der ohne Gebrauchsanweisung gelieferten Maschine keine Interesse mehr, so können K (VE) und D nur gemeinsam das Rücktrittsrecht wählen und den Rücktritt gegenüber dem V erklären.

Die Annahme der h. M. (erforderlich und ausreichend ist die Zustimmung des Dritten) oder der hier vertretenen Auffassung über die Sachgemäßheit der Ausübung der Gestaltungsrechte durch beide Gläubiger gemeinsam ist gewiß nicht ohne praktische Bedeutung. Die im allgemeinen wegen der Unterwerfung der Zustimmungstatbestände unter die besondere Regelung der §§ 182 ff. BGB bestehenden wesentlichen Unterschiede zwischen der Zustimmung und der Mitwirkung bei der Vornahme des Rechtsgeschäfts[69], werden zwar hier dadurch gemildert, daß im vorliegenden Fall vielfach gelehrt wird, die Zustimmung — da es sich hierbei um eine einseitige empfangsbedürftige Willenserklärung handelt — habe stets in der Form der Einwilligung zu erfolgen (§ 182 Abs. 3 BGB)[70], sie lassen sich jedoch nicht völlig verwischen. So z. B. hinsichtlich der schriftlichen Form der Einwilligung (§ 182 Abs. 3 in V. mit § 111 Satz 2 BGB), der Möglichkeit des Dritten, seine Zustimmung sowohl dem Versprechensempfänger als auch dem Versprechenden gegenüber zu erklären (§ 182 Abs. 1 BGB), vor allem aber hinsichtlich der zu der Wirkung der Gestaltungsrechte in diametraler Antithese befindlichen Widerruflichkeit der Einwilligung (§ 183 BGB). Würde man jedoch aufgrund einer analogen Anwendung der erwähnten Vorschriften des Sachenrechts Unwiderruflichkeit der dem Versprechensempfänger — schiftlich — oder dem Versprechenden erteilten Einwilligung des Dritten annehmen, so käme die auf diese Weise erfolgende Zustimmung des Dritten bei der Ausübung der Gestaltungsrechte durch den Versprechensempfänger der gemeinschaftlichen Ausübung praktisch gleich[71].

---

[68] Dazu vgl. *Larenz*, Methodenlehre, S. 366 ff.; *Zippelius*, S. 68 ff.

[69] Dazu vgl. *Thiele*, Die Zustimmungen in der Lehre vom Rechtsgeschäft, S. 123 - 124.

[70] Vgl. *Heinrich Lange*, NJW 1965, 661; im allgemeinen *v. Thur*, Allg. Teil II, 2, § 78 III 1; *Enneccerus/Nipperdey*, § 204 III 1; a. A. *Flume*, § 54 Ziff. 6c.

[71] Die h. M. läßt, wie gesagt, eine weitere Präzisierung dieses Zustimmungsrechts des Dritten vermissen.

§ 8. Beim echten Vertrag zugunsten Dritter 73

Ebenso unbillig wäre es freilich im vorliegenden Fall, allein dem Dritten sämtliche durch die Schlechterfüllung ausgelösten Befugnisse zu gewähren[72], da dadurch die ebenfalls schutzwürdigen Interessen der übrigen Beteiligten völlig unberücksichtigt blieben.

Nun ist es möglich, daß sich der Versprechensempfänger und der Dritte über das geltendzumachende Recht nicht einigen. Der Grund dafür wird im Valutaverhältnis liegen, das auch die Konfliktlösung ergeben wird. Diese Lösung wird freilich im Wege der Erhebung einer Klage auf Mitwirkung zur Ausübung des dem konkreten Inhalts des Valutaverhältnisses entsprechenden Rechts zu realisieren sein. Schadensersatzansprüche wegen positiver Vertragsverletzungen gegen denjenigen, der sich weigert, bei der Ausübung dieses Rechts mitzuwirken, werden auch hier in Betracht kommen. Der Versprechende wird seinerseits, um die für ihn in diesem Fall entstehende Gefahr der Unsicherheit zu begegnen, das Erlöschen der Gestaltungsrechte — denen im Ergebnis auch der Anspruch auf Schadensersatz wegen Nichterfüllung nach der Differenztheorie gleichkommt — durch Setzung einer angemessenen Frist zu deren Ausübung (nach §§ 327, 355 BGB) herbeiführen und anschließend den vollen Betrag des Schadensersatzes hinterlegen können[73].

Folgt man der hier vertretenen Auffassung, so muß man konsequenterweise weiterhin befürworten, daß — entgegen der h. M. — auch bei Leistungsstörungen im Bereich des Versprechensempfängers oder des Dritten der Versprechende Rücktritt aus dem Vertrag nur gegen beide Gläubiger zu erklären hat (§ 356 BGB analog)[74]. Dies wäre dem Versprechenden nicht unzumutbar, weil er ja mit der Existenz zweier Personen auf der Gläubigerseite des Vertrages einverstanden gewesen ist. Ist man aber nicht bereit, diese Konsequenz zu ziehen, so muß man wenigstens stets eine Benachrichtigungspflicht des Versprechenden gegenüber dem Dritten aus dem direkten Leistungsverhältnis nach Treu und Glauben entnehmen[75].

Ist der Rücktritt durch beide Gläubiger dem Versprechenden gegenüber erklärt worden, so entfaltet u. E. das dadurch entstandene Abwick-

---

[72] So stets *Hadding*, AcP 1971, 414; vgl. auch *Esser* I, § 53 II, III, „soweit dies die Vertragsauslegung insbesondere mit Rücksicht auf den Vertragszweck erlaubt"; *Ruppert*, S. 118 ff.; *Heinrich Lange* (S. 662 - 663) dagegen billigt zwar dem Dritten das Rücktrittsrecht zu, macht jedoch seine Wahl und Geltendmachung durch den Dritten von einer Einwilligung des VE abhängig.
[73] Über die Hinterlegungsmöglichkeit des V vgl. *Heinrich Lange*, NJW 1965, 663.
[74] Nach h. M. ist der Rücktritt des V allein dem VE gegenüber zu erklären; so *Staudinger/Werner*, Bem. II 1 b aa zu § 334; *Planck/Siber*, Bem. 2a zu § 334; *Kisch*, S. 262 - 263; *Hellwig*, S. 300 - 301; *Oertmann*, Bem. 1b zu § 334; *Staudinger/Kaduk*, Bem. 30 zu § 334; *Palandt/Heinrichs*, Bem. 1 zu § 334; *Wilde* in RGRK, Anm. 1 zu § 334; *Grunsky*, § 1 II 1, in Athenäum Zivilrecht I, S. 625.
[75] So *Heinrich Lange*, NJW 1965, 659.

lungsverhältnis seine Wirkungen (falls die beiderseitigen Leistungen schon erbracht sind) nicht nur zwischen den Kontrahenten. Zwar besteht die Rückgewährpflicht des Versprechenden hinsichtlich der erhaltenen Gegenleistung gegenüber dem Versprechensempfänger, nicht aber auch umgekehrt. Zur Rückgabe der Leistung an den Versprechenden ist vielmehr der Dritte verpflichtet. Denn nach der hier vertretenen Auffassung — über die analoge Anwendung der Bestimmung des § 356 BGB — nimmt der Dritte an der Ausübung des Rücktrittsrechts stets Teil. Weigert er sich hinterher, die erhaltene Leistung zurückzuerstatten, so stellt sein gegenwärtiges Verhalten ein unzulässiges venire contra factum proprium dar[76]. In dieser — positiv-rechtlich auf die §§ 346 und 334 zurückzuführenden — Maxime liegt u. E. im vorliegenden Fall (der gewiß — wegen der Verschiedenheit der Interessenlage — mit der Anfechtung oder mit dem Rücktritt seitens des Versprechenden nicht einheitlich behandelt werden dürfte) der wahre Grund der Haftung des Dritten und nicht im Bereicherungsgedanken, was hieße, daß man auch in diesem Fall Rücksicht auf den konkreten Inhalt des Valutaverhältnisses nehmen müßte[77].

Der Dritte, als den Rücktrittsgrund nicht zu vertretender Gläubiger, wird übrigens aufgrund des § 327 Abs. 2 BGB stets nach den Grundsätzen der ungerechtfertigten Bereicherung haften[78]. § 327 Abs. 2 ergibt aber nach richtiger Meinung nur den Haftungsgehalt (nach § 818 BGB), nicht aber auch den Haftungsgrund[79], was in unserem Fall heißt, daß auch nicht über diesen Weg das Zurückgreifen auf das Valutaverhältnis für die Ermittlung der Haftungsvoraussetzungen zulässig ist.

Hinsichtlich des Schadensersatzanspruchs wegen Nichterfüllung ist nicht einzusehen, warum die Anwendung der Differenztheorie bei einem Vertrag zugunsten Dritter Denkschwierigkeiten bereiten sollte[80]. Weder ist die Berechnung der Differenz zwischen dem Schaden, der in der Regel in der Person des Dritten — als durch das Ausbleiben des Austausches der beiderseitigen Leistungen primär Berührten — entstehen wird, und

---

[76] Zum gleichen Ergebnis müßte aber u. E. auch die h. M. aufgrund der Zustimmung des Dritten kommen.

[77] Wie hier im Ergebnis auch *Heinrich Lange*, NJW 1965, 662 Fußn. 61; *Palandt/Heinrichs*, Bem. 1 zu § 334; a. M. *Hellwig*, S. 302 ff., allerdings nur hinsichtlich des Rücktritts des V; *Planck/Siber*, Bem. 2a zu § 334; für eine Rückabwicklung im Falle des Rücktritts ausschließlich zwischen V und VE in Anlehnung an BGHZ 5, 281 (in diesem Urteil handelte es sich jedoch um Anfechtung des Vertrags wegen Irrtums); *Fikentscher*, § 37 III 2 e; vgl. auch *Esser* I, § 53 II.

[78] So BGHZ 53, 144; *Ernst Wolf*, AcP 153, 97 ff.; *Larenz* I, § 26b mit weiteren Nachweisen; a. M. *Esser* I, § 51 II 1.

[79] Vgl. *Ernst Wolf*, AcP 153, 119; *Larenz* I, S. 333 Fußn. 1.

[80] Gegen die Anwendbarkeit der Differenztheorie bei einem VzugD *Oertmann*, Bem. 1b, δ nn zu § 325; *Ziolecki*, S. 49; *Meusel*, S. 21; vgl. auch *Cohen-Martens*, S. 30 ff.

dem Wert der Gegenleistung des Versprechensempfängers unmöglich, noch soll ein Interesse des Dritten (oder auch des Verspechensempfängers) an dem Ersatz des Schadens nach der Differenztheorie ausgeschlossen sein. Dies wird oft bei unentgeltlichem Valutaverhältnis der Fall sein, aber auch bei einer im Valutaverhältnis enthaltenen solvendi causa, wenn der Ditte ein Interesse am Fortbestehen bzw. Wiederaufleben der Leistungspflicht des Versprechensempfängers ihm gegenüber hat.

Ist die Wahl des Schadensersatzanspruchs im Sinne der Differenztheorie durch beide getroffen, so soll, da das Verlangen auf Schadensersatz an sich, wie gesagt, keine rechtsgestaltende Willenserklärung enthält, sowohl der Dritte an sich selbst als auch der Versprechensempfänger aufgrund des § 335 BGB den Schadensersatz nach der Differenztheorie selbständig an den Dritten verlangen können[81].

Den etwa durch die Schlechterfüllung seitens des Verspechenden ihm herbeigeführten eigenen Schaden kann freilich der Verspechensempfänger nach allgemeinen Grundsätzen an sich selbst ersetzt verlangen. Was oben im Rahmen des einseitigen Vertrags zugunsten Dritter hinsichtlich dieses Anspruchs des Versprechensempfängers ausgeführt wurde, gilt auch hier[82].

b) Schadensersatz wegen Nichterfüllung
   nach der Austauschtheorie

Der Schadensersatzanspruch wegen Nichterfüllung im Sinne der Austauschtheorie unterscheidet sich praktisch nicht von demjenigen wegen Nichterfüllung der ganzen Verbindlichkeit bei einem einseitigen Vertrag. In diesem Fall läßt nämlich bei einem gegenseitigen Vertrag zugunsten Dritter die Ausübung dieses Anspruchs seitens des Dritten die Gegenleistungspflicht des Verspechensempfängers unangetastet und der Schadensersatz tritt an die Stelle der ausgebliebenen Hauptleistung als deren Surrogat (deswegen auch Surrggationstheorie genannt). Dem Dritten steht daher dieses Recht (Wahl und Ausübung) selbständig zu[83]. Für unser Beispiel b) bedeutet dies, daß der D, weist er keinen anderen

---

[81] Nach der h. M. kann der Dritte, da er dadurch über die Gegenleistungspflicht des VE disponieren würde, Schadensersatz nach der Differenztheorie nicht fordern; zwischen der Wahl dieses Anspruchs und dem Begehren des Schadensersatzes wird jedoch nicht differenziert; vgl. *Planck/Siber*, Bem. 4c zu § 335; *Hellwig*, S. 258 ff.; *Enneccerus/Lehmann*, § 35 IV 1; *Staudinger/Kaduk*, insbes. Bem. 33 zu § 334; *Wilde* in RGRK, Anm. 3 zu § 335; *Soergel/Siebert/ Schmidt*, § 328 Rdnr. 4; *Erman/Westermann*, Bem. 7 zu § 328; *Palandt/Heinrichs*, Bem. 2 zu § 335. Aber auch bei denjenigen, die dem Dritten den Schadensersatzanspruch wegen Nichterfüllung zugestehen, liegt anscheinend nicht die Differenztheorie zugrunde; vgl. *Staudinger/Werner*, Bem. II 1 b aa β; *Esser* I, § 53 II; *Heinrich Lange*, NJW 1965, 663.
[82] s. oben, § 8 I A 1.
[83] s. oben, § 8 I A 1.

Schaden innerhalb des Erfüllungsinteresses (z. B. entgangenen Gewinn) nach, den vollen Wert der letzthin ausgebliebenen Maschine als Schadensersatz fordern kann.

Dem Dritten steht freilich auch bei einem gegenseitigen Vertrag zugunsten Dritter der Anspruch auf Schadensersatz des eigentlichen Schlechterfüllungsschadens, auch als Surrogat der primären Leistung, selbständig zu. Im selben Beispiel kann also der D den wegen der fehlenden Gebrauchsanweisung geminderten Wert der Maschine ersetzt verlangen. Diese Ansprüche kann der Versprechensempfänger aufgrund der oben hinsichtlich des einseitigen Vertrags ausgeführten Erwägungen auch hier zugunsten des Dritten geltendmachen, zu dem Zweck nämlich, daß der Schadensersatz an den Dritten geleistet wird[84].

c) Der Anspruch auf die etwaige Vertragsstrafe

Ist bei dem Vertrag zugunsten Dritter eine Vertragsstrafe für den Fall vereinbart worden, daß der Versprechende seine Leistungspflicht schlecht erfüllt, so gilt für den Anspruch auf die verwirkte Strafe nichts anderes als hinsichtlich der Schadensersatzansprüche wegen Leistungsstörungen im Bereich des Versprechenden. Denn die Vertragsstrafe, wenn auch im Gesetz als eine über die Schadensersatzrechte des Leistungsgläubigers hinausgehende Zusatzsanktion statuiert[85], stellt letzthin einen Mindestbetrag des Schadens dar, den der Gläubiger — und das ist bei einem Vertrag zugunsten Dritter, als unmittelbar Berührter, in der Regel der Dritte — durch die Leistungsstörungen seitens des Versprechenden erleidet[86].

Aus diesem mit der Vertragsstrafe verfolgten Zweck ergibt sich im Hinblick auf den Vertrag zugunsten Dritter, daß — in Ermangelung einer besonderen Parteivereinbarung — der Dritte an sich selbst und der Versprechensempfänger an den Dritten die verwirkte Strafe selbständig verlangen können soll[87].

d) Die bei Schlechterfüllung im Kaufvertrag zugunsten
   Dritter entstehenden Käuferbefugnisse

Nach heute überwiegender Meinung hat das Gesetz (§ 433 BGB) die Lieferung der verkauften Sache in mangelfreiem Zustand bei einem

---

[84] s. oben, § 8 I A 1.
[85] So *Esser/Schmidt*, § 16 III 2.
[86] Zu diesem Zweck der Vertragsstrafe vgl. *Staudinger/Werner*, Bem. II 2 zu § 340, Bem. II 2 zu § 341; *Soergel/Siebert/Schmidt*, § 340, Rdnr. 1; *Wilde* in RGRK, Anm. 7 - 8 zu § 340, Anm. 4 zu § 341; *Sontis*, ERMAK, Bem. 15 zum Art. 406.
[87] Zu der Problematik der Vertragsstrafe beim VzugD vgl. *Cohen-Martens*, S. 46, der aber auf den Einzelfall abstellt.

Spezieskauf nicht als Leistungspflicht des Verkäufers ausgestaltet[88]. Deswegen liegt bei der Lieferung einer mit Fehlern — im Sinne des § 459 BGB — behafteten Sache allein aus diesem Grund keine Vertragspflichtverletzung vor, auch wenn der Verkäufer ein Verschulden trifft. Mangels dieses Tatbestandselements der Schlechterfüllung in dem oben dargelegten Sinne kann sie in diesem Fall nicht in Betracht kommen[89].

Führt aber der Verkäufer nach dem Vertragsschluß und vor dem Gefahrübergang die Sachmängel schuldhaft herbei (s. Eingangsbeispiel c), so wird dies meistens auch eine Verletzung vertraglicher Nebenpflichten (Sorgfalts- und Schutzpflichten) d. h. eine Schlechterfüllung des Vertrages darstellen[90]. Die Tatbestände der Schlechterfüllung und der Gewährleistungshaftung aus dem Kaufvertrag konkurrieren dann miteinander.

Beim Gattungskauf wird dies dagegen stets der Fall sein, weil nach h. M. die Lieferung einer nur der Gattung nach bestimmten mangelhaften Sache eine Schlechterfüllung der Pflicht des Verkäufers zur Lieferung einer mangelfreien Sache mittleren Art und Güte darstellt[91].

Unter den in Betracht in dieser Konkurrenzsituation kommenden Befugnissen des Käufers sind für unsere Problematik die Wandelung und die Minderung besonders relevant, weil die Geltendmachung dieser Rechte — abgesehen von derer spezieller doktrinärer Einordnung — zur Umgestaltung der Rechtslage führt und insoweit die Spaltung der Parteirolle beim Vertrag zugunsten Dritter — genauso wie die Ausübung des Rücktrittsrechts — aktualisiert.

aa) Keine erheblichen Schwierigkeiten bereitet dagegen die im Rahmen des Kaufvertrags zugunsten Dritter rechtliche Handhabung des Schadensersatzanspruchs wegen Nichterfüllung nach § 463 BGB[92] und § 480 Abs. 2 BGB — allerdings soweit man auf dem Boden der Surroga-

---

[88] Vgl. *Soergel/Siebert/Ballerstedt*, Rdnr. 10, 13 vor § 459; *Esser* II, § 64 I; *Larenz* II, § 41 II e; *Fikentscher*, § 70 I 1; *Medicus*, Festschr. für E. Kern, S. 316 - 317.

[89] *Larenz* II, § 41 II e; *Esser* II, S. 31 Anm. 1; anders *Fabricius*, JZ 1967, 470 ff. auf Grund der Annahme einer Nebenpflicht zur Lieferung mangelfreier Ware.

[90] Vgl. BGH JZ 1967, 321; *Soergel/Siebert/Ballerstedt*, Rdnr. 33 vor § 459; *Larenz* II, § 41 II e; *Esser* II, § 64 VI 4b; *Fabricius*, JZ 1967, 472; *Blomeyer*, § 30 II; *Jakobs*, S. 44 Fußn. 76.

[91] Vgl. *Soergel/Siebert/Ballerstedt*, Rdnr. 21 vor § 459, § 480 Rdnr. 1; *Larenz* II, § 41 III; *Fikentscher*, § 70 I 1; *Köpcke*, S. 34, 38; *Freitag*, S. 57 ff.; a. M. *Esser* II, § 64 I, III 4a.

[92] Ob der Tatbestand des § 463 mit dem der Schlechterfüllung konkurrieren kann, was mit der noch nicht völlig geklärten Rechtsnatur dieser Bestimmung in engem Zusammenhang steht, mag hier dahingestellt bleiben.

tionstheorie bleibt[93] — und des Nachlieferungsrechts des Käufers nach § 480 Abs. 1 BGB. Denn diese Ansprüche treten auch — teilweise oder ganz — an die Stelle des primären Leistungsrechts und daher sollen sie nach der Teleologie des Vertrags zugunsten Dritter sowohl dem Dritten als auch dem Versprechensempfänger zugunsten des Dritten (nach § 335 BGB) zustehen, d. h. zu dem Zweck, daß an den Dritten geleistet wird[94].

Jedoch die Wahl dieser Rechte sowie die Entscheidung über das Schicksal der erhaltenen mangelhaften Sache (ob sie nämlich zurückgegeben oder behalten werden soll) muß dem Dritten als allein materiell Berechtigtem überlassen sein[95].

Hinsichtlich des Anspruches auf Lieferung einer mangelfreien Sache aus der Gattung ist hier zu bemerken, daß § 480 Abs. 1 BGB mittelbar (über § 467 Abs. 1 BGB) auf die Regelung des § 356 BGB verweist. Dies dürfte jedoch nicht dazu irreführen, daß im Wege der Analogie auch hier ein Zusammenwirken beider auf der Käuferseite des Vertrages stehenden Personen erforderlich sei. Die Anwendbarkeit dieser Vorschrift ist hier nicht etwa aus dem Grund zu versagen, daß der Dritte kein Käufer ist, sondern darum, daß sich dieser Anspruch auf die Realisierung des ursprünglichen Vertragsziels richtet. Gerade aber für diesen Fall hat sich der Parteiwille dahin geäußert, daß jeder Gläubiger selbständig handelt in dem Sinne, daß der Dritte an sich selbst, der Versprechensempfänger aber nur an den Dritten die Bewirkung der Leistung fordern kann.

Den etwa durch die Lieferung der schuldhaft mangelhaften Sache ihm entstandenen eigenen Schaden kann der Versprechensempfänger auch hier nach den allgemeinen Grundsätzen an sich selbst ersetzt verlangen[96].

bb) Mit dem Vollzug der Wandelung werden bei einem Kaufvertrag zugunsten Dritter der primäre Leistungsanspruch des Dritten und die Gegenleistungspflicht des Versprechensempfängers aufgehoben (§§ 467, 346 BGB) und der Vertrag zugunsten Dritter kann mithin seinen ursprünglichen Zweck nicht mehr erfüllen. Entsprechend wird dadurch das Valutaverhältnis beeinflußt, wobei die durch die ordnungsgemäße Vertragserfüllung zu erwartenden Rechtswirkungen (etwa die Erfüllung einer Leistungspflicht des Versprechensempfängers gegenüber dem Drit-

---

[93] Damit ist freilich nicht gemeint, daß der Schadensersatz in diesem Fall nicht als Wertdifferenz zwischen der mangelfreien und der mangelhaften Sache gefordert werden kann.

[94] Vgl. *Staudinger/Werner*, Bem. II 1b, bb β zu § 334; *Oertmann*, Bem. 5 zu § 335; *Staudinger/Kaduk*, Bem. 42, 44 zu § 334; vgl. auch *Erman/Westermann*, Bem. 1 zu § 335; a. M. hinsichtlich nur des Schadensersatzanspruchs aus § 463 BGB *Hellwig*, S. 306 Fußn. 603; *Planck/Siber*, Bem. 5 zu § 335.

[95] Vgl. *Planck/Siber*, Bem. 5a a, zu § 335.

[96] Vgl. statt aller *Staudinger/Kaduk*, Bem. 43 zu § 334.

ten) nicht mehr eintreten können oder die bereits durch den Vertragsschluß eingetretenen (z. B. Tilgung einer solchen Verbindlichkeit des Versprechungsempfängers) nun mehr wegfallen.

Beide auf der Käuferseite des Vertrages stehende Personen werden infolgedessen ebenso stark in ihren Rechtssphären berührt. Beide sind daher für die Neuordnung primär zuständig. Die Interessenlage ist hier nicht anders als bei der Geltendmachung des Rücktrittsrechts. Konsequenterweise muß also auch hier (s. Eingangsbeispiel c) der oben hinsichtlich des Rücktrittsrechts entwickelte Lösungsvorschlag befürwortet werden. Die Wahl und die Ausübung des Wandelungsrechts ist demnach — in analoger Anwendung der die Einheitlichkeit dieses Rechts anordnenden Vorschriften der §§ 467, 356 BGB — gemeinsam von beiden (Versprechensempfänger und Dritter) zu verlangen[97]. Für den Fall, daß sich die zwei Gläubiger über die Wandelung nicht einigen, sowie für das mit dem Vollzug der Wandelung entstehende Abwicklungsverhältnis gilt auch, was oben hinsichtlich des Rücktrittsrechts ausgeführt wurde.

cc) Die Geltendmachung des Rechts zur Minderung führt dagegen nicht zur Umgestaltung des ganzen Vertrages, sondern nur zu einer Herabsetzung des Kaufpreises, d. h. bei dem Kaufvertrag zugunsten Dritter zu einer teilweisen Umbildung der Gegenleistungspflicht des Versprechensempfängers. Der Anspruch des Dritten auf die primäre Leistung des Versprechenden bleibt grundsätzlich dadurch unberührt. Es ist ersichtlich, daß die Minderung ein weniger drastisches Rechtsmittel als die Wandelung darstellt. Gerade diese Erkenntnis hat bei der gesetzlichen Würdigung der Minderung im Falle, daß mehrere am Vertrag beteiligt sind, zur Preisgabe des hinsichtlich des Rücktritts- und des Wandelungsrechts geltenden Einheitlichkeitsprinzips geführt (§ 474 BGB)[98]. Dies ist auch der Grund, aus dem bei einem Kaufvertrag zugunsten Dritter ein Zusammenwirken des Dritten bei der Ausübung des Minderungsrechts durch den Versprechensempfänger oft nicht als erforderlich empfunden wird[99].

---

[97] Wie hier schon früher *Ehrenzweig*, S. 142, 166; vgl. auch *Oertmann*, Bem. 5 zu § 335. Die h. M. billigt dagegen nur dem VE das Wandelungsrecht zu, jedoch nur mit Zustimmung des Dritten; so *Planck/Siber*, Bem. 5a, a zu § 335; *Staudinger/Werner*, Bem. II 1 b, bb zu § 334; *Enneccerus/Lehmann*, § 35 IV 1; *Staudinger/Kaduk*, Vorbem. 24 zu § 328, Bem. 40 zu § 334, Bem. 5 zu § 335; *Soergel/Siebert/Schmidt*, Rdnr. 3 zu § 335; *Wilde* in RGRK, Anm. 2 zu § 335; *Erman/Westermann*, Bem. 7 zu § 328; *Palandt/Heinrichs*, Bem. 3 zu § 335. Eine ausschließliche Berechtigung des VE ohne Rücksichtnahme auf den Dritten nehmen *Schollmeyer*, Bem. 1b zu § 335 und *Grunsky*, § 1 II 1, in Athenäum Zivilrecht I, S. 623 - 624 an, während *Esser* I, § 53 II den Dritten als berechtigt zur Ausübung dieses Rechts ansieht. Nach *Heinrich Lange*, NJW 1965, 662 - 663 schließlich bedarf der Dritte dazu der Einwilligung des VE.
[98] Vgl. Mot. II, S. 237; *Wogatzky*, S. 17.
[99] So *Oertmann*, Bem. 5 zu § 335; *Kress*, § 25, 1 f.; vgl. auch *Planck/Siber*,

Eine sorgfältige Betrachtung der in diesem Fall entstehenden Interessenkonstellation überzeugt jedoch von dem Gegenteil. Zunächst ist hierbei zu bemerken, daß die Annahme der ausschließlichen Berechtigung des Versprechensempfängers hinsichtlich der Minderung zu widerspruchsvollen Verhältnissen zwischen den Beteiligten führen würde, da er Minderung, der Dritte aber, wie wir gesehen haben, gleichzeitig Schadensersatz wegen Nichterfüllung (nach §§ 463, 480 Abs. 2 BGB) oder Lieferung einer mangelfreien Sache (nach § 480 Abs. 1 BGB) selbständig verlangen dürfte. Deswegen paßt hier die Regelung des § 474 BGB nicht. Andererseits, diesem selbständigen Minderungsrecht des Versprechensempfängers den Vorrang zu gewähren, hieße, daß der Dritte in seinem Rechtskreis erheblich berührt würde, da er genötigt wäre, die erwähnten Befugnisse zu entbehren und sich mit der mangelhaften Sache zu begnügen[100]. Darüber hinaus sollte ein Interesse des Dritten an der Minderung nicht ausgeschlossen sein, insbesondere in den Fällen, in denen der Dritte die gelieferte Sache trotz ihrer Mangelhaftigkeit behalten will. Ein selbständiges Minderungsrecht des Dritten in diesen Fällen würde jedoch eine teilweise Disposition über die Rechtsstellung des Versprechensempfängers bedeuten[101]. Aus diesen Gründen scheint uns — mit Rücksicht auch auf den Erwartungshorizont des Versprechenden — das Festhalten am Einheitlichkeitsprinzip (§§ 356, 467 BGB) und das Verlangen eines Zusammenwirkens des Versprechensempfängers und des Dritten der sachgerechteste und konsequenteste Weg zu sein[102].

e) Kündigung

Auch bei Dauerschuldverhältnissen weicht die Rechtslage hinsichtlich unserer Problematik nicht wesentlich ab. Das hierbei meistens vorherrschende personenrechtliche Element bildet die Basis des oft zwischen den Subjekten des Schuldverhältnisses entstehenden besonderen Vertrauensverhältnisses. Gerade in der Erschütterung dieses typischerweise zur Grundlage der vertraglichen Beziehung erhobenen Vertrauensverhältnisses durch die Schlechterfüllung liegt der wichtige Kündigungsgrund. Bei einem Vertrag zugunsten Dritter mit Dauerschuldcharakter wird sich dieses persönliche Vertrauensverhältnis in der Regel zwischen dem Versprechenden und dem Dritten entfalten, da der Vertrag zugunsten Dritter durch die Leistung an den Dritten materiell realisiert wird. Der

---

Bem. 5a zu § 335; grundsätzlich auch *Staudinger/Werner*, Bem. II 1 b, bb zu § 334; *Staudinger/Kaduk*, Bem. 41 zu § 334.

[100] Vgl. *Heinrich Lange*, NJW 1965, 662.

[101] Für ein selbständiges Minderungsrecht des Dritten, *Ruppert,S.* 124 - 125.

[102] Die Zustimmung des Dritten bei der Minderung durch den VE verlangt *Heinrich Lange*, NJW 1965, 662; vgl. auch *Staudinger/Werner*, Bem. II 1 b, bb zu § 334 und *Staudinger/Kaduk*, Bem. 41 zu § 334, soweit dadurch die Rechte des Dritten nicht berührt werden.

§ 8. Beim echten Vertrag zugunsten Dritter 81

wichtige Grund zur außerordentlichen Kündigung wird folglich grundsätzlich in der Person des Dritten entstehen (so im Eingangsbeispiel d). Warum nun der Versprechensempfänger ohne Rücksichtnahme auf den Dritten zur Ausübung der Kündigung und mithin zur Bestimmung der Rechtsbeziehungen des Dritten allein zuständig sein sollte, ist daher nicht recht ersichtlich[103].

Andererseits wäre es nicht billig, allein dem Dritten die Entscheidung über die Auflösung des eventuell mit einer andauernden Gegenleistungspflicht des Versprechensempfängers verbundenen Vertrags zu seinen Gunsten in die Hand zu legen, da er dadurch über die Rechtsstellung des Versprechensempfängers verfügen würde. Im übrigen gilt auch hier hinsichtlich der Würdigung der im Spiel stehenden Interessen der Beteiligten, was oben im Rahmen der Erörterung des Rücktrittsrechts ausgeführt wurde.

Zwanglos kommt man also zu dem Schluß, daß auch hier ein Zusammenwirken beider auf der Gläubigerseite des Vertrages stehenden Personen in der Form der einheitlichen Ausübung (§ 356 BGB) zu verlangen sein wird[104]. Im Eingangsbeispiel d) kann folglich die Kündigung nur gemeinsam von A und seiner Kusine D ausgeübt werden.

### B. Im Falle der Alleinberechtigung des Dritten

Grundsätzlich stehen bei einem Vertrag zugunsten Dritter die Interessen des Dritten mit denen des Versprechensempfängers nicht gegeneinander. Erst mit einer Abweichung des Vertrages von seinem normalen Verlauf kann eine Interessenkollision in Betracht kommen. Denn durch die Leistungsstörungen im direkten Leistungsverhältnis, werden, wie gesagt, auch die internen Beziehungen des Dritten zu dem Versprechensempfänger beeinflußt. Ergibt sich aus dem Valutaverhältnis, daß die Interessen des Dritten und des Versprechensempfängers hinsichtlich des Rechtsschicksals des schlechterfüllten Vertrags zugunsten Dritter divergierend sind, so entsteht erst dann das Bedürfnis nach selbständigem Schutz jedes einzelnen und mithin die hierbei zu bewältigende Problematik.

Bei der Frage, ob dem Dritten rechtsgestaltende Einwirkungsmöglichkeit auf den zwischen dem Versprechensempfänger und dem Ver-

---

[103] So aber die wohl h. M.; *Kress*, § 25, 1 f.; *Staudinger/Kaduk*, Bem. 17 zu § 335; *Soergel/Siebert/Schmidt*, § 335 Rdnr. 3; *Palandt/Heinrichs*, Bem. 3 zu § 335; vgl. aber auch *Heinrich Lange*, NJW 1965, 663; eine Zustimmung des Dritten fordert dagegen *Cohen-Martens*, S. 33.

[104] Daß der für das Rücktrittsrecht geltende Einheitlichkeitsgrundsatz (nach § 356) auch hinsichtlich der Beendigungskündigung zutrifft, wird vielfach mit überzeugenden Argumenten befürwortet; vgl. etwa *Molitor*, S. 60 ff.; *Larenz* I, § 37 II mit weiteren Nachweisen insbes. auf die Rechtsprechung; a. M. *Soergel/Siebert/Schmidt*, § 356 Rdnr. 1; wohl auch *Esser* I, § 58 III 2.

sprechenden abgeschlossenen Vertrag zu dessen Gunsten zuzugestehen ist, liegt die Paradoxie darin, daß der Dritte zwar nie ein unmittelbares Interesse an der Umgestaltung oder Auflösung des Vertrages haben wird, da er dadurch nur seinen primären Leistungsanspruch beseitigt[105], andererseits aber auch der Versprechensempfänger kein solches Interesse haben wird, sich der Ausübung der Gestaltungsrechte durch den Dritten zu widersetzen, da er hierdurch lediglich die geschuldete Gegenleistung erspart bzw. die bereits erbrachte zurücknimmt.

Damit ist jedoch nicht gesagt, daß das Problem — soweit sein Entstehungsgrund in der Verschiedenheit der Interessen des Dritten und des Versprechensempfängers bezüglich der Geltendmachung der Gestaltungsrechte liegt — überhaupt nicht besteht. Denn der Dritte hat oft ein im Valutaverhältnis zu suchendes mittelbares Interesse an der zum Scheitern der geplanten mittelbaren Zuwendung führenden Umgestaltung oder Auflösung des Vertrages zu dessen Gunsten. Und umgekehrt wird der Versprechensempfänger oft ein mittelbares Interesse an der Aufrechterhaltung des Vertrages zugunsten Dritter haben. Wir haben bereits gesehen, daß in den wichtigsten Fällen, in denen nämlich durch die Vornahme des Vertrags zugunsten Dritter die Erfüllung einer im Valutaverhältnis bestehenden Leistungspflicht des Versprechensempfängers bezweckt wird, die durch die Ausübung der Gestaltungsrechte erfolgende Aufhebung des Vertrags zugunsten Dritter den ursprünglichen rechtlichen Zustand im Valutaverhältnis wiederherstellt und zwar in dem Sinne, daß nunmehr die darin immer noch bestehende Leistungspflicht des Versprechensempfängers als noch nicht erfüllt, die etwa bereits durch den Vertragsschluß erloschene als schuldrechtlich wiederaufgelebt anzusehen ist[106].

Für den Dritten bedeutet dies, daß er jetzt die Möglichkeit hat, die ihm geschuldete ursprüngliche Leistung entweder von dem Versprechensempfänger selbst oder im Wege eines neuen — durch den Versprechensempfänger abzuschließenden — Vertrags zu dessen Gunsten zu bekommen. Wären dem Dritten die Gestaltungsbefugnisse unzugänglich, so würde er, hätte er kein Interesse mehr an der schlechterfüllten Leistung, Gefahr laufen, sich nur mit einem Schadensersatzanspruch von zweifelhafter Brauchbarkeit gegen den Versprechenden begnügen zu müssen, da er sich, wie gesagt, nicht immer an den Versprechensempfänger wegen der Schlechterfüllung im direkten Leistungsverhältnis wird halten können[107].

Ob also ein Interesse des Dritten an der Umgestaltung oder Auflösung des Vertrages gerechtfertigt erscheint, wäre vornehmlich auf Grund des

---
[105] Vgl. *Ehrenzweig*, S. 142.
[106] s. oben, § 5 III, § 6 I.
[107] s. oben, § 6 I.

§ 8. Beim echten Vertrag zugunsten Dritter 83

konkreten Inhalts des Valutaverhältnisses und der in ihm infolge der Schlechterfüllung neugestalteten Interessenkonstellation zu beurteilen[108]. Es wurde jedoch wiederholt betont, daß nach gesetzlicher Wertung die Kenntnis des spezifischen Inhalts des Valutaverhältnisses und der darin spielenden Interessen dem Versprechenden typischerweise nicht zugemutet werden kann. Deswegen muß man den Inhalt des Valutaverhältnisses als Argumentationsbasis aufgeben und sich bei der Beurteilung der Frage, ob der Dritte bei Schlechterfüllung auf der Seite des Versprechenden ein Interesse daran hat, das rechtliche Schicksal seines Anspruchs und mithin das des ganzen Vertrages selbständig zu bestimmen — bei einer Akzentverlagerung auf äußere Vertrauenstatbestände — damit begnügen, daß ein derartiges Interesse des Dritten aus seiner Rechtsposition als Alleinberechtigter und wirtschaftlich eigentlich interessierter und aus einer — wegen der Dreiecksstruktur des Vertrages zugunsten Dritter — vermutlichen Berührung seiner Rechtsstellung im Valutaverhältnis anzunehmen sein wird[109].

Geht nun das Interesse des Dritten dahin, den schlechterfüllten Vertrag zu seinen Gunsten umgestalten oder auflösen zu können, so kann er dieses Interesse nur dann effektiv wahrnehmen, wenn er eigenmächtig, d. h. unabhängig vom Willen des Versprechensempfängers rechtsgestaltend gegen den Versprechenden vorgehen kann. Durch die etwaige Möglichkeit des Dritten, auf Grund des Valutaverhältnisses die Abgabe der seiner Interessen dienenden rechtsgestaltenden Erklärung seitens des Versprechensempfängers oder dessen sonstiges Zusammenwirken zu erzwingen, wird kein drastischer Schutz seiner Belange erreicht. Denn für den Dritten bestünde dabei die Gefahr, daß die eventuell von dem Versprechenden gesetzten Fristen zur Ausübung der Gestaltungsrechte abgelaufen und dadurch die Gestaltungsrechte verwirkt wären[110]. Ebensowenig könnte dem Dritten eine aus dem Valutaverhältnis etwa abzuleitende Pflicht des Versprechensempfängers zur Übertragung der Gestaltungsrechte dienen[111]. Den Dritten also auf ein so schwerfälliges und unzulängliches Verfahren zu verweisen, wäre nicht billig, soweit freilich ein höherrangiges Interesse der anderen Beteiligten diesem Interesse des Dritten nicht entgegensteht.

Wie sich die Interessenlage hinsichtlich des Versprechensempfängers und des Versprechenden im Falle der Alleinberechtigung des Dritten

---

[108] Vgl. *Heinrich Lange*, NJW 1965, 658.
[109] Darauf, daß Fälle, in denen ein Dritter an der Gestaltung des zwischen anderen bestehenden Vertrages interessiert ist, dem geltenden Recht prinzipiell nicht fremd sind, wird von *Bötticher* (S. 24 ff.) und *Molitor* (S. 68 ff.) hingewiesen.
[110] Vgl. *Heinrich Lange*, NJW 1965, 661.
[111] Inwieweit die selbständige Übertragung des Rücktritts möglich ist, vgl. *Seckel*, S. 28 - 29.

gestaltet, wurde bereits oben eingehend erörtert[112]. Uns geht es hier lediglich darum, an die dort topisch gewonnenen Prämissen die Rechtsfolgen zu knüpfen. Wir haben nämlich gesehen, daß die Entscheidung des Versprechensempfängers, den Dritten zum ausschließlichen „Protagonisten" des Vertrages hinsichtlich des Erfüllungsanspruchs zu machen, den Verdrängungsgedanken in den Vordergrund rückt.

Das bei jedem redlich Denkenden durch diese Inhaltsgestaltung des Vertrages berechtigterweise dahin erweckte Vertrauen, daß er aus der aktiven Gläubigerrolle gänzlich hat ausscheiden wollen, muß nun der Versprechensempfänger gegen sich gelten lassen und zwar unabhängig davon, ob dessen totale Verdrängung aus dem Vertrag seinem Willen entspricht (was insbesondere bei unentgeltlichem Valutaverhältnis oft der Fall sein wird). Denn dem Versprechensempfänger sämtliche bei Schlechterfüllung resultierende Gläubigerbefugnisse in diesem Fall zu entziehen, steht, wie gesagt, mit der Maxime der Mißbilligung des „venire contra factum proprium" im Einklang. Den Versprechenden andererseits in seinem Vertrauen darauf zu schützen, daß der eigentliche Vertragsgläubiger in diesem Fall der Dritte ist und daß also jede Äußerung der aktiven Gläubigerrolle allein von ihm zu erwarten ist, korrespondiert mit dem Postulat der Verkehrssicherheit, daß derjenige, der einen Vertrag zugunsten eines Dritten abschließt, wissen soll, woran er ist[113]. Dadurch gelangt man zum Ergebnis, daß hier das Interesse des Versprechensempfängers am Rechtsschicksal des Vertrages hinter die entgegengesetzten Interessen der übrigen Beteiligten zurücktreten muß.

Den bisher ausgeführten Erwägungen lag die Annahme einer Interessenkollision im Valutaverhältnis zugrunde. Denkbar sind jedoch auch Fälle, in denen trotz des Mangels einer solchen Kollision das eigenmächtige rechtsgestaltende Vorgehen des Dritten sich aus der besonderen Natur des konkreten Vertrages als geboten darstellt. Man könnte hier etwa zwei Fallgruppen erwähnen. Einmal geht es nämlich um Fälle einer Begünstigung eines breiten Personenkreises (z. B. Sukzessivlieferungsverträge zugunsten aller Einwohner einer Stadt oder aller Arbeiter einer Fabrik), in denen für den Versprechensempfänger aus faktischen Gründen besonders lästig und umständlich wäre, das ordnungsgemäße Funktionieren jedes einzelnen Vertrags zu verfolgen und bei Schlechterfüllung dessen rechtliches Schicksal zu bestimmen. In diesen Fällen kann die Vereinbarung der ausschließlichen Erfüllungsberechtigung des Dritten nach Treu und Glauben mit Rücksicht auf die Verkehrssitte keinen

---

[112] s. oben, § 6 II, III.
[113] Dazu, daß das eigene vertragswidrige Verhalten des V die Maßgeblichkeit des mit diesem in keinem kausalen Zusammenhang stehenden Vertrauensprinzip nicht beseitigt, so daß sich der V darauf berufen darf, vgl. *Soergel/ Siebert/Knopp*, § 242 Rdnr. 223: „Rechtsbruch macht nicht rechtsunwürdig."

## § 8. Beim echten Vertrag zugunsten Dritter

anderen Sinn haben, als daß der Versprechensempfänger durch den Vertragsschluß nur beabsichtigt hat, den Versprechenden zu binden, und daß daher alle Befugnisse aus dem Vertrag dem Dritten zukommen sollen. Das gleiche gilt auch für eine zweite Fallgruppe, die nämlich Fälle enthält, in denen wegen der zwischen dem Dritten und dem Versprechensempfänger bestehenden räumlichen Entfernung der Dritte der Vertragserfüllung „näher" steht als der Versprechensempfänger und wegen der Art des Geschäfts (meistens Handelsgeschäft) das Bedürfnis nach schneller Handlung seitens des Dritten zur drastischen Wahrnehmung seiner Interessen besteht.

Im Falle der Alleinberechtigung des Dritten kann also der Versprechensempfänger weder die Gestaltungsbefugnisse — einschließlich der Gewährleistungsrechte — noch die sekundären Leistungsrechte — (Schadensersatzansprüche) geltend machen[114]. Die letzteren sogar auch nicht zugunsten des Dritten, nämlich zu dem Zweck, daß der Schadensersatz an den Dritten geleistet wird[115]. Denn § 335 BGB ist hier nicht anwendbar und für die Heranziehung der Figur der Drittschadensliquidation besteht in diesem Fall kein Grund, da die Ersatzfähigkeit des Drittschadens schon auf Grund des Erfüllungsanspruchs des Dritten gegeben ist.

Sämtliche durch die Schlechterfüllung ausgelösten Befugnisse stehen allein dem Dritten zu[116].

Stimmt der Versprechensempfänger der Ausübung der Gestaltungsrechte durch den Dritten zu, so ist freilich dagegen nichts einzuwenden, da hierdurch mehr Rechtsklarheit geschaffen wird. Grundsätzlich ist aber eine Einwilligung des Versprechensempfängers in diesem Fall nicht erforderlich[117].

Bei einem gegenseitigen Vertrag zugunsten Dritter steht der vertretenen Auffassung nicht etwa entgegen, daß es hierbei an einem echten synallagmatischen Band zwischen dem Anspruch des Dritten auf die Leistung und dem Anspruch des Versprechenden auf die Gegenleistung — des Versprechensempfängers — fehlt[118]. Denn in unserem Fall kann

---

[114] Vgl. *Ziolecki*, S. 13; *Cohen-Martens*, S. 46 - 47.

[115] Vgl. *Planck/Siber*, Bem. 4b zu § 335; *Cohen-Martens*, S. 46 - 47; *W. Lange*, S. 47; *Ruppert*, S. 30.

[116] Vgl. *Meusel*, S. 20; dagegen versagt die h. M. dem Dritten auch in diesem Fall die Gestaltungsrechte vgl. *Staudinger/Werner*, Bem. II zu § 335; *Planck/Siber*, Bem. 4b zu § 335; *Staudinger/Kaduk*, Bem. 17, 21 zu § 335; *Erman/Westermann*, Bem. 1 zu § 335; bemerkenswert ist, daß der BGH (NJW 1972, 152) in seinem Urteil vom 19. 11. 1971 vermieden hat, zu diesem Problem Stellung zu nehmen.

[117] Die Einwilligung des VE fordert stets, wie gesagt, *Heinrich Lange*, NJW 1965, 662 - 663.

[118] So *Staudinger/Kaduk*, Bem. 17 zu § 335; eine diametral entgegengesetzte Ansicht vertritt *Hadding*, AcP 171, 414.

ein derartiges Synallagma nicht vorkommen und doch müssen aus materiellen Gründen die Gestaltungsrechte ausgeübt werden. Eine Auflockerung des funktionellen Synallagmas in der Richtung, daß trotz dessen Unvollkommenheit die aus ihm fließenden Befugnisse dem Dritten zukommen sollen, stellt sich hier deswegen als unerläßlich dar.

Erleidet aber der Versprechensempfänger durch die Schlechterfüllung im direkten Leistungsverhältnis einen eigenen Schaden, so wird er auch hier diesen Schaden nach den allgemeinen Grundsätzen von dem Versprechenden selbständig — an sich selbst — ersetzt verlangen können[119]. Ist eine Schlechterfüllung auf der Seite des Versprechenden zu befürchten, so ist aufgrund des durch den Unterlassungsanspruch verfolgten Zwecks anzunehmen, daß dieser Anspruch auch dem Versprechensempfänger grundsätzlich zustehen soll, da dessen Geltendmachung lediglich dem Interesse der Gläubigerseite an der gehörigen Vertragserfüllung dient.

Aus dem gleichen Grund wird der Versprechensempfänger grundsätzlich auch als berechtigt zur Klage auf Feststellung der primären (oder auch sekundären) Leistungspflicht des Versprechenden anzusehen sein[120].

Schließlich ist hierbei zu bemerken, daß das selbständige Vorgehen des Dritten bei der Ausübung der Gestaltungsrechte eine Verletzung der ihm aufgrund des konkreten Inhalts des Valutaverhältnisses etwa sich ergebende Pflicht zur Rücksichtnahme auf den Versprechensempfänger bei der Ausübung dieser Rechte darstellen kann, die den Dritten ersatzpflichtig wegen Schlechterfüllung macht (ausgleichende Funktion des Valutaverhältnisses)[121]. Die durch die Ausübung der Gestaltungsrechte durch den Dritten bereits eingetretenen Rechtswirkungen bleiben jedoch dadurch unberührt.

Wollte man nun die bisher gewonnenen Erkenntnisse abstrahierend in der Form eines — hypothetischen — Absatzes 2 des § 335 BGB zusammenstellen, so würde diese Norm etwa wie folgt lauten: „Im Falle des Abs. 1 (Mitberechtigung) findet bei Leistungsstörungen, die der Versprechende zu vertreten hat, auf die daraus entstehenden Gestaltungsrechte die Vorschrift des § 356 entsprechende Anwendung. Ist ausschließlich der Dritte berechtigt, die Leistung zu fordern, so stehen die Gestaltungsrechte allein ihm zu."

---

[119] Vgl. *Staudinger/Werner*, Bem. II zu § 335; *Staudinger/Kaduk*, Bem. 21 zu § 335; a. M. *Planck/Siber*, Bem. 4b zu § 335.
[120] Dazu vgl. *Staudinger/Werner*, Bem. III zu § 335; *Enneccerus/Lehmann*, § 35 IV 2 S. 155 Anm. 11; *Georgi*, S. 80 - 81; *Cohen-Martens*, S. 46 - 47.
[121] s. oben, § 5 I.

## II. Im Bereich eines übererfüllungsmäßigen Interesses

In Betracht kommt hierbei nur ein Anspruch auf Ersatz eines durch Schlechterfüllung auf der Seite des Versprechenden in zurechenbarer Weise verursachten Begleitschadens[122]. Dieser Schadensersatzanspruch tritt stets neben die dem Erfüllungsinteresse dienenden Gläubigerbefugnisse als ein aus dem Gefüge des vertraglichen Schuldverhältnisses fließender neuer — sekundärer — Anspruch und ist, wie gesagt, wenn er einmal entstanden ist, unabhängig von der Wirksamkeit des Vertrages bzw. von dessen Vernichtung oder Umgestaltung durch die Ausübung der Gestaltungsrechte[123].

Für die Frage, wem dieser Anspruch beim Vertrag zugunsten Dritter zusteht, ist die Gläubigerkonstellation — ob nämlich Mitberechtigung nach § 335 BGB oder Alleinberechtigung des Dritten vorliegt — nicht maßgebend. Auch die Art des Vertrages als einseitig oder gegenseitig spielt dabei keine wichtige Rolle. Vielmehr kommt es auf die Person des Geschädigten an. In der Regel wird es der Dritte sein, da nur an ihm materiell geleistet wird (so in den Eingangsbeispielen). Schutzpflichten des Versprechenden entstehen jedoch unter Umständen —insbesondere bei gegenseitigen Verträgen zugunsten Dritter, wobei wegen der Gegenleistungspflicht des Versprechensempfängers die Möglichkeit tatsächlichen Kontakts größer ist — auch gegenüber dem Versprechensempfänger, so daß ihre schuldhafte Verletzung zu einem übererfüllungsmäßigen Schaden des Versprechensempfängers führen kann. Diesen Schaden kann der Versprechensempfänger allein — an sich selbst — ersetzt verlangen[124].

Ist dagegen dem Dritten ein solcher Schaden zugefügt worden, so ist er ausschließlich zur Geltendmachung des entsprechenden Anspruchs berechtigt, auch wenn ein Fall der Mitberechtigung vorliegt. Denn § 335 BGB kann hier nicht eingreifen. Weder von einem Surrogatcharakter könnte hier die Rede sein[125], noch trifft in diesem Fall der innere Grund zu, der eine solche Erstreckung des Anwendungsbereichs dieser Vorschrift rechtfertigen würde, wie dies nach dem Gesagten für die innerhalb des Erfüllungsinteresses entstehenden Rechte der Fall ist[126].

Andererseits kommt hier wegen der bereits durch die Existenz des Anspruchs des Dritten gegebenen Liquidierbarkeit des Drittschadens auch die Rechtsfigur der Drittschadensliquidation nicht in Betracht[127].

---

[122] In den Eingangsbeispielen stellen einen derartigen Schaden dar: im Beispiel a) der Schaden des D wegen der Ansteckung seiner gesunden Hunde; in b) und c) die dem D entstehenden weiteren Sachschäden; in d) die im Garten und in der Wohnung der Kusine D herbeigeführten Schäden.
[123] s. oben, § 3 II.
[124] So *Esser* I, § 53 II; *Hadding*, AcP 171, 420 - 421.
[125] Vgl. *Hadding*, AcP 171, 419.
[126] s. oben, § 8 I A 1.

Hinsichtlich der rechtlichen Behandlung dieses Schadensersatzanspruchs werden insbesondere die Probleme der Verjährung und der Beweislast heftig diskutiert, weil Theorie und Praxis dessen Einordnung in das vertragliche Haftungssystem nicht zu Ende gebracht haben. Diese Probleme weisen bei einem Vertrag zugunsten Dritter keine Besonderheit auf, deshalb kann auf eine Auseinandersetzung an dieser Stelle verzichtet werden.

### III. Mitwirkendes Verschulden auf der Gläubigerseite des Vertrags zugunsten Dritter

Nachdem wir bisher erkannt haben, welche Schadensersatzansprüche bei Schlechterfüllung auf der Seite des Versprechenden bei einem Vertrag zugunsten Dritter resultieren und wem sie jeweils zustehen, wenden wir uns zu der neuerdings wiederholt in der Judikatur — insbesondere bei Verletzung des Schutzinteresses Dritter[128] — aktuell gewordenen Frage, ob sich jede der auf der Gläubigerseite des Vertrages stehenden Personen bei der Herbeiführung des eigenen Schadens muß zurechnen lassen[129], da ja nach § 254 BGB das mitwirkende „Verschulden" des Geschädigten oder der Person, für deren Fehlverhalten er verantwortlich ist, nach den Umständen bald zur Minderung des ersatzfähigen Schadens, bald zum Wegfall der Ersatzpflicht überhaupt führen kann.

#### A. *Mitverursachung und Mitverschulden des Versprechensempfängers bei der Herbeiführung des Drittschadens*

Bei der Beurteilung dieser Frage muß man stets davon ausgehen, daß § 334 BGB, der strukturellen Eigenart des Vertrags zugunsten Dritter Rechnung tragend, die Grenzen der Rechtspositionen der am Vertrag Beteiligten, insbesondere die Zumutbarkeitsgrenze gegenüber dem Versprechenden hat ziehen wollen. Durch diese Gesetzesbestimmung ist nämlich der Rechtsgedanke zum Ausdruck gebracht, daß durch die Hereinnnahme des Dritten in die vertragliche Beziehung der Versprechende nicht — wesentlich — schlechter gestellt sein darf, als wenn er nur mit dem Versprechensempfänger als Leistungsgläubiger zu tun hätte[130]. Zur Realisierung dieses Gedankens werden dem Versprechenden auch gegenüber dem Dritten alle Verteidigungsmöglichkeiten (Einwendungen im

---

[127] So auch im Ergebnis *Heinrich Lange,* NJW 1965, 663.

[128] Zu der Rechtsprechung hinsichtlich des Mitverschuldens des Leistungsgläubigers beim Vertrag mit Schutzwirkung für Dritte s. unten, Fußn. 145.

[129] Das eigene „Mitverschulden" muß sich freilich sowohl der VE als auch der Dritte nach § 254 BGB zurechnen lassen. Das gleiche gilt auch, wenn der VE den Drittschaden nach § 335 geltend macht; vgl. *W. Lange,* S. 57; *Cohen-Martens,* S. 36.

[130] s. oben, § 6 III.

§ 8. Beim echten Vertrag zugunsten Dritter

weiteren Sinne) gewährt, die ihm auf der Grundlage des Deckungsverhältnisses gegen den Versprechensempfänger zustehen. Auf Grund dieser dem § 334 BGB zugrunde liegenden Gesetzeswertung ist man sich heute darüber einig, daß der Versprechende das mitwirkende „Verschulden" des Versprechensempfängers auch dem Dritten entgegenhalten kann. Denn dem Versprechenden wäre ja gestattet, wäre der Schaden in der Person des Versprechensempfängers entstanden, ihm die eigene Mitverursachung und das eigene Mitverschulden entgegenzusetzen[131].

### B. Mitverursachung und Mitverschulden des Dritten bei der Herbeiführung des Schadens des Versprechensempfängers

Die Frage, ob sich der Versprechende auf ein mitwirkendes „Verschulden" des Dritten bei der von ihm infolge der Schlechterfüllung dem Versprechensempfänger verursachten Schaden auch gegenüber dem Versprechensempfänger berufen darf[132], kann nicht unmittelbar aus § 334 BGB beantwortet werden. Der Wortsinn dieser Vorschrift umfaßt den vorliegenden Fall sicherlich nicht mit. Wohl aber kann auch hierbei der ihr zugrunde liegende Rechtsgedanke helfen. Zu Ende gedacht ergibt er, wie gesagt, daß sich der Versprechende nicht nur die ihm aus der Existenz zweier Personen auf der Gläubigerseite des Vertrages entstehenden Nachteile muß gefallen lassen, sondern — und dies stellt das notwendige Korrelat einer dadurch zu seinen Ungunsten eingetretenen Versetzung der Zumutbarkeitsgrenze dar — auch auf die potentiellen Vorteile dieser Rechtslage für ihn soll berufen können[133].

Andererseits ist der Versprechensempfänger diejenige Vertragspartei, die ausschließlich zur Wahrnehmung der eigenen Interessen den Dritten in den Vertrag einbezogen hat. Die Existenz des Dritten auf der Gläubigerseite des Vertrages zugunsten Dritter bringt dem Versprechensempfänger grundsätzlich nur rechtlichen Nutzen. Es stellt sich daher als Postulat der ausgleichenden Vertragsgerechtigkeit dar, den Versprechensempfänger auch das Risiko eines Fehlverhaltens des Dritten tragen zu lassen. Der rechtspolitische Gedanke der Erfüllungsgehilfenhaftung als Einschaltungshaftung[134] trifft auch hierbei zu[135].

---

[131] So die einhellige Meinung: BGHZ 33, 247 = NJW 1961, 169; *Staudinger/ Kaduk*, Bem. 55 ff. zu § 334; *Palandt/Heinrichs* Bem. 1 zu § 334; *Erman/ Westermann*, Bem. 8 zu § 328, Bem. 4 zu § 334; *Heinrich Lange*, NJW 1965, 664.

[132] Eine ganz andere Frage ist es, ob das Verschulden des Dritten im direkten Leistungsverhältnis zu dessen Haftung gegenüber dem V aus dem Gesichtspunkt der Schlechterfüllung führen kann. Diese Frage ist u. E. prinzipiell zu bejahen; vgl. dazu *Heinrich Lange*, NJW 1965, 660 - 661; *Ruppert*, S. 87 ff.; vgl. auch *Erman/Westermann*, Bem. 8 zu § 328.

[133] s. oben, § 6 IV.

[134] Dazu vgl. *Westermann*, JuS 1961, 338 ff.

[135] Vgl. Mot. II, S. 30.

Insbesondere muß sich der Versprechensempfänger eine Mitverursachung und ein Mitverschulden des Dritten zurechnen lassen und zwar unabhängig von der — für die Heranziehung der Vorschrift des § 254 Abs. 2, Satz 2 nicht als nötig angesehenen — Qualifizierung des Dritten als Erfüllungsgehilfe des Versprechensempfängers, was nicht immer der Fall sein wird[136]. Für die Anwendung dieser Vorschrift auch auf den vorliegenden Fall muß genügen, daß die Existenz des Dritten im Vertrag zu dessen Gunsten der Wahrung der rechtlichen Belange des Versprechensempfängers dient[137].

## § 9. Beim Vertrag mit Schutzwirkung für Dritte

Charakteristisch ist hierbei, daß wegen der prinzipiellen Unklagbarkeit der Schutzpflichten[138] die Rechtsfigur des Vertrags mit Schutzwirkung für Dritte erst dann rechtlich sichtbar wird, wenn eine Schlechterfüllung des Vertrages auf der Seite des Leistungsschuldners vorliegt, die gerade in der Verletzung der ihm gegenüber Dritter obliegenden Schutzpflichten besteht. Den folgenden Erwägungen hinsichtlich der Frage, welche Rechte in diesem Fall entstehen und wer zu deren Ausübung jeweils berechtigt ist, liegt die Auffassung zugrunde, daß die Schutzpflichten gegenüber Dritter — immer Rechtswirksamkeit des Vertrages vorausgesetzt — zu dem einheitlichen Gefüge des vertraglichen Schuldverhältnisses in seiner Ausgestaltung durch § 242 BGB gehören[139].

Da es sich in dem vorliegenden Fall nicht um den in §§ 328 ff. BGB normierten Typus des Vertrags zugunsten Dritter, sondern lediglich um eine Erstreckung der vertraglichen Schutzwirkungen auf gewisse Dritte handelt, besteht zwischen ihnen und dem Vertragsschuldner kein Leistungsverhältnis. Daher kann hier nicht von einem Erfüllungsinteresse der Dritten die Rede sein. Geschützt wird hierbei nur das Integritätsinteresse der Dritten, dessen schuldhafte Verletzung seitens des Vertragsschuldners ausschließlich einen gegen ihn gerichteten vertragsgemäß zu behandelnden sekundären Schadensersatzanspruch der Dritten auslöst. Gestaltungsbefugnisse der Dritten kommen dagegen in diesem Fall nicht in Betracht.

Ob ein konkurrierender Anspruch des Vertragspartners gegen den Schuldner auf Schadensersatz an die Dritten in dem vorliegenden Fall

---

[136] Vgl. *Heinrich Lange,* NJW 1965, 664.

[137] Ob jedoch der Dritte dem vorwiegend mit deliktsrechtlichen Vorstellungen verknüpften Typus des „Bewahrungsgehilfen" zugeordnet werden könnte, ist angesichts der innerhalb der — durch den VzugD geschaffenen — vertraglichen Beziehung entfalteten Tätigkeit des Dritten nicht zweifellos; zum Bewahrungsgehilfen vgl. *Esser* I, § 47 IV 1; *Larenz* I, § 31 I d.

[138] Vgl. *Staudinger/Weber,* Bem. A 772 zu § 242; *Larenz* I, § 9; *Fikentscher,* § 8, 3.

[139] s. oben, § 4 III.

§ 9. Beim Vertrag mit Schutzwirkung für Dritte

zulässig wäre, ist jedoch angesichts der Unanwendbarkeit der — ein derartiges Vorgehen des Versprechensempfängers in bezug auf die sekundären Ansprüche mit Surrogatscharakter beim Vertrag zugunsten Dritter ermöglichenden — Vorschrift des § 335 BGB auf den Vertrag mit Schutzwirkung für Dritte[140] recht zweifelhaft. Denn auch eine Heranziehung der Drittschadensliquidation scheint hier bedenklich zu sein, da bei einem Vertrag mit Schutzwirkung für Dritte die für die jurisprudentiell bislang herausgearbeiteten typischen Fallgruppen der Drittschadensliquidation anerkannten Voraussetzungen (Diskrepanz von Schutzpositionen und Interesse, Verlagerung der Schadensentstehungsmöglichkeit) nicht vorliegen und mithin der mit dieser Institution verfolgte Zweck, nämlich das „Ersatzfähigmachen" des Drittschadens, nicht zutrifft[141]. Bei dem Vertrag mit Schutzwirkung für Dritte ist ja durch die Gewährung eines direkten Schadensersatzanspruchs des in seinem Schutzinteresse verletzten Dritten gegen den Schädiger (Vertragsschuldner) die Liquidierbarkeit des Drittschadens bereits gegeben[142].

Wie aber bereits dargelegt, erschöpft sich die rechtliche Bedeutung einer schuldhaften Verletzung der gegenüber den Dritten bestehenden Schutzpflichten des Leistungsschuldners nicht nur in der Entstehung des Schadensersatzanspruchs der Dritten. Vielmehr wird sie aus der Sicht des Vertragsgläubigers stets eine Schlechterfüllung des Vertrages darstellen, die unter bestimmten Voraussetzungen (eigener Schaden des Vertragspartners, Unzumutbarkeit des Festhaltens am Vertrag) die allgemeinen Gläubigerbefugnisse (Schadensersatzansprüche und Gestaltungsrechte) auslösen kann[143]. Zur Geltendmachung dieser Befugnisse wird freilich allein der Vertragsgläubiger berechtigt sein. Ein Zusammenwirken der Dritten ist hierbei nicht erforderlich, da ja die Ausübung dieser Rechte den sekundären Anspruch der Dritten — im Gegensatz zu dem primären Leistungsanspruch oder auch zu den innerhalb des Erfüllungsinteresses fließenden Schadensersatzansprüchen des Dritten beim Vertrag zugunsten Dritter — unangetastet läßt.

Im Rahmen des Vertrags mit Schutzwirkung für Dritte werden zwei Probleme mit besonderer Intensität diskutiert. Es handelt sich nämlich einmal um die Möglichkeit des Vertragsschuldners, auch dem Dritten

---

[140] Vgl. *Gernhuber*, Festschr. für Nikisch, S. 273; *Esser* I, § 54 I 2; *Lorenz*, JZ 1961, 170; anders *Bögemann*, S. 49.
[141] Dazu vgl. *v. Caemmerer*, ZBJV 100, 378; *W. Lange*, S. 70 ff.; *Berg*, MDR 1969, 615 ff.; für die Konkurrenzmöglichkeit beider Tatbestände in besonders gelagerten Fällen: *Söllner*, JuS 1970, 164; *Palandt/Heinrichs*, Bem. 2 zu § 328.
[142] Vgl. auch oben, § 7.
[143] Vgl. oben, § 4 III, wobei auch auf die Unzulänglichkeit der sog. Theorie des „einheitlichen Schutzverhältnisses" zur dogmatischen Erklärung der Entstehung dieser Befugnisse hingewiesen wurde; s. auch oben, § 7.

eine Mitverursachung und ein Mitverschulden des Leistungsgläubigers bei der Herbeiführung des Drittschadens entgegenzuhalten, und zum anderen um die Zulässigkeit von Parteivereinbarungen, durch die die vertragliche Haftung des Schuldners gegenüber den schutzbedürftigen Dritten beschränkt oder ganz ausgeschlossen wird.

Hinsichtlich der ersten Frage wird es mit Rücksicht darauf, daß die im § 334 BGB enthaltene Gesetzeswertung (die das Postulat der ausgleichenden Gerechtigkeit verwirklicht, die bereits durch das Ausgesetztsein des Schuldners gegenüber der Inanspruchnahmemöglichkeit auch Dritter eingetretene Verschlechterung seiner Rechtsstellung möglichst zu mildern)[144] auch sein Vertrag mit Schutzwirkung für Dritte zutrifft, als billig empfunden, daß sich der Vertragsschuldner auf das mitwirkende „Verschulden" des Vertragspartners auch gegenüber den geschädigten Dritten berufen kann[145], und zwar unabhängig davon, ob der Vertragspartner im konkreten Fall als Erfüllungsgehilfe der schutzbedürftigen Dritten angesehen werden kann.

Die Konstruktion der Ableitung des Drittanspruchs aus dem einheitlichen Gefüge des zwischen den Vertragspartnern bestehenden vertraglichen Schuldverhältnisses in seiner Ausgestaltung durch § 242 BGB liefert lediglich die dogmatische Begründung dieser weithin als interessengerecht erachteten Lösung[146].

Ebenso muß sich der eigentliche Vertragsgläubiger eine Mitverursachung und ein Mitverschulden der in den Schutzbereich des Vertrages einbezogenen Dritten entgegenhalten lassen[147]. Aus ähnlichen, vorwiegend auf den Billigkeitsgedanken zurückzuführenden Erwägungen[148] muß man den Vertragsparteien prinzipiell zugestehen, die Beschränkung oder den Ausschluß der vertraglichen Haftung des Leistungsschuldners mit Wirkung auch gegenüber den schutzbedürftigen Dritten vereinbaren zu können[149].

---

[144] s. oben, § 6 III.
[145] So die in Judikatur und Schrifttum wohl h. M. BGHZ 33, 247 = NJW 1961, 211 = JZ 1961, 169 mit Anm. von *Lorenz,* BGH NJW 1965, 1757 = MDR 1965, 901 = JZ 1965, 572; *Staudinger/Kaduk,* Vorbem. 81 vor § 328; *Soergel/Siebert/Schmidt,* Rdnr. 17 vor § 328 und § 334 Rdnr. 1; *Palandt/Heinrichs,* Bem. 2 zu § 328; *Erman/Westermann,* Bem. 13 zu § 328; *Larenz* I, § 17 II, S. 187 Anm. 2; *Blomeyer,* § 42 IV 3; grundsätzlich auch *Fikentscher,* § 37 IV 2; einschränkend, nur wenn der Vertragsgläubiger „Bewahrungsgehilfe" des Dritten ist, *Berg,* MDR 1969, 617 und *Emmerich,* § 3 III, in Athenäum Zivilrecht I, S. 314; a. M. *Esser* I, § 54 I 2.
[146] Bei Annahme der Theorie des „einheitlichen Schutzverhältnisses" muß man dagegen konsequenterweise dem Schuldner diese Möglichkeit versagen; vgl. *Thiele,* JZ 1967, 654.
[147] So *Heinrich Lange,* NJW 1965, 664 Fußn. 74.
[148] Insbesondere bedarf die dabei für den Schuldner bestehende Gefahr einer unzumutbaren Belastung wegen Unkalkulierbarkeit des Vertragsrisikos (vgl. *Emmerich,* S. 315) einer Milderung.

§ 9. Beim Vertrag mit Schutzwirkung für Dritte

§ 242 als Schutzpflichten begründende Norm ist ja dispositiver Natur[150]. In der Regel wird jedoch die Preisgabe des den inneren Rechtfertigungsgrund dieses Instituts bildenden Gleichbehandlungsprinzips der konkreten Vertragsklausel, (durch die z. B. die vertragliche Haftung des Schuldners nicht auch gegenüber dem Leistungsgläubiger entsprechend gemindert oder beseitigt wurde), eine sittenwidrige Farbe beilegen[151], während beim Vorliegen eines Arbeitsverhältnisses zwischen dem Vertragsgläubiger und den schutzbedürftigen Dritten die Bestimmung des § 619 BGB eingreifen wird[152].

---

[149] So die wohl h. M. BGHZ 56, 269; *Soergel/Siebert/Schmidt*, Rdnr. 16 vor § 328; *Palandt/Heinrichs*, Bem. 2 zu § 328; *Gernhuber*, Festschr. für Nikisch, S. 268; *Bydlinski*, JBl 1960, 363; *Böhmer*, MDR 1963, 546 ff.; *W. Lange*, S. 93 - 94; vgl. auch *Larenz*, NJW 1960, 80; ablehnend *Wesenberg*, S. 141; *Lorenz*, JZ 1960, 110; *Berg*, MDR 1969, 617; *Stuckart*, S. 80 ff.; grundsätzlich auch *Emmerich*, S. 315; anscheinend nur gegen die Zulässigkeit einer Freizeichnungsklausel *Gernhuber*, Festschr. für Nikisch, S. 265 und *Blomeyer*, § 42 IV 3.

[150] Vgl. *Staudinger/Weber*, Bem. A 144, A 787 zu § 242; *Esser* I, § 54 I 2.

[151] Vgl. *W. Lange*, S. 93 - 94; *Fikentscher*, § 37 IV 4; Sittenwidrigkeit einer Freizeichnungsklausel nimmt stets *Berg* an (MDR 1969, 617).

[152] Vgl. *Blomeyer*, § 42 IV 3; *Zunft*, MDR 1960, 545; dieser Gedanke scheint auch dem BGH (in BGHZ 56, 269) vorgeschwebt zu haben.

# Literaturverzeichnis

*v. Ahlefeld,* Friedrich: Der Vertrag zugunsten Dritter unter besonderer Berücksichtigung der Rechtsprechung, Diss. Hamburg 1938.

*Bachmann,* Robert: Das Recht aus einem Vertrag zugunsten Dritter und seine Zurückweisung seitens des Dritten, Diss. Borna - Leipzig 1906.

*Baur,* Fritz: Lehrbuch des Sachenrechts, 8. Auflage, 1975.

— Zu der Terminologie und einigen Sachproblemen der „vorbeugenden Unterlassungsklage", JZ 1966, 381.

*Baxmann,* Otto: Die Bedeutung des Innenverhältnisses zwischen Versprechensempfänger und Drittem beim Vertrage zugunsten Dritter, Diss. Hannover 1935.

*Berg,* Hans: Drittschadensliquidation und Vertrag mit Schutzwirkung für Dritte, MDR 1969, 613.

*Blomeyer,* Arwed: Allgemeines Schuldrecht, 4. Aufl., 1969.

*Bobisch,* Rudolf: Die Befugnisse aus §§ 325, 326 BGB bei dem Vertrage auf Leistung an einen Dritten, Diss. Borna - Leipzig 1910.

*Bögemann,* Ludger: Die Verträge zugunsten Dritter, insbesondere die vertragliche Sorgfaltspflicht zugunsten Dritter, Diss. Heidelberg 1938.

*Böhmer,* Emil: Zur Frage der Einbeziehung Dritter in vertragliche Schuldverhältnisse, MDR 1960, 807.

— Die Hereinnahme Dritter in den Schutzbereich eines Vertrages — eine Fehlkonstruktion, MDR 1962, 345.

— Gläubiger, Schuldner und Dritte, MDR 1963, 96.

— Zur Frage des ausdrücklichen vertraglichen Ausschlusses von Vertragsansprüchen Dritter, MDR 1963, 546.

*de Boor,* Hans-Otto: Die Kollision von Forderungsrechten, Berlin 1928.

*Brox,* Hans: Allgemeines Schuldrecht, 5. Aufl. 1976.
— Fragen der rechtsgeschäftlichen Privatautonomie, JZ 1966, 761.

*Bötticher,* Eduard: Gestaltungsrecht und Unterwerfung im Privatrecht, Berlin 1964.

*Bydlinski,* Franz: Vertragliche Sorgfaltspflichten zugunsten Dritter, JBl 1960, 359.

*v. Caemmerer,* Ernst: Das Problem des Drittschadensersatzes, ZBJV 100, 341.
— Bereicherungsansprüche und Drittbeziehungen, JZ 1962, 385.

*Canaris,* Claus-Wilhelm: Die Feststellung von Lücken im Gesetz, Berlin 1964.
— Systemdenken und Systembegriff in der Jurisprudenz, Berlin 1969.
— Die Vertrauenshaftung im deutschen Privatrecht, München 1971.
— Ansprüche wegen „positiver Vertragsverletzung" und „Schutzwirkung für Dritte" bei nichtigen Verträgen, JZ 1965, 475.

*Canaris*, Claus-Wilhelm: Haftung Dritter aus positiver Vertragsverletzung, VersR 1965, 114.

*v. Carolsfeld*, Ludwig-Schnorr: Zur Schlechterfüllung, Festgabe für Ulrich v. Lübtow 1970, S. 667.

— AcP 162, 191.

*Cohen-Martens*, Gerhard: Die Stellung des Dritten bei nichtordnungsmäßiger Erfüllung eines gegenseitigen Vertrages zu seinen Gunsten, Berlin 1925.

*Coing*, Helmut: Grundzüge der Rechtsphilosophie, 2. Aufl. Berlin 1969.

*Diederichsen*, Uwe: Topisches und systematisches Denken in der Jurisprudenz, NJW 1966, 697.

*Ehrenzweig*, Armin: Die sog. zweigliedrigen Verträge, insbesondere die Verträge zugunsten Dritter nach gemeinem und österreichischem Recht, Wien 1895.

*Eichler*, Hermann: Die Rechtslehre vom Vertrauen, Tübingen 1950.

*Emmerich*, Volker: In Athenäum Zivilrecht, Bd. I, 1972, S. 283.

*Enneccerus*, Ludwig / *Nipperdey*, Hans-Karl: Allgemeiner Teil des Bürgerlichen Rechts, 15. Aufl. 2. Halbband, 1960.

*Enneccerus*, Ludwig / *Lehmann*, Heinrich: Recht der Schuldverhältnisse, 15. Aufl. 1958.

*Erman*, Walter: Handkommentar zum Bürgerlichen Gesetzbuch, 6. Aufl. I. Bd. 1975, zit.: *Erman/Battes*, *Erman/Westermann*.

*Esser*, Josef: Schuldrecht, 4. Aufl. Bd. I 1970, Bd. II 1971, zit.: *Esser I, Esser II*.

— Grundsatz und Norm in der richterlichen Fortbildung des Privatrechts, 3. Aufl. Tübingen 1974.

— Vorverständnis und Methodenwahl in der Rechtsfindung, Frankfurt 1972.

*Esser*, Josef / *Schmidt*, Eike: Schuldrecht, Bd. 1, Teilbd. 1, 5. Aufl. 1975.

*Eylenburg*, Richard: Die Rechte des Versprechensempfängers aus Verträgen auf Leistung an Dritte, Diss. Breslau 1909.

*Fabricius*, Fritz: Die mangelhafte Lieferung beim Kauf beweglicher Sachen, JZ 1967, 464.

*Flume*, Werner: Allgemeiner Teil des Bürgerlichen Rechts, Bd. II, Das Rechtsgeschäft, 2. Aufl. 1975.

*Fikentscher*, Wolfgang: Schuldrecht, 5. Aufl. 1975.

*Freitag*, Oskar: Schlechterfüllung und Schlechtbringung, Breslau 1932.

*Gareis*, Karl: Die Verträge zugunsten Dritter, Würzburg 1873.

*Gast*, Ellen: Obligatorische Verträge zugunsten Dritter, Diss. Marburg 1935.

*Georgi*, Rudolf: Verträge zugunsten Dritter — ihre geschichtliche Entwicklung in der neueren Doktrin und Gesetzgebung und ihre Regelung im Bürgerlichen Gesetzbuch für das Deutsche Reich, Diss. Aachen 1900.

*Gerhardt*, Walter: In Athenäum Zivilrecht, Bd. I, 1972, S. 697.

*Gernhuber*, Joachim: Drittwirkungen im Schuldverhältnis kraft Leistungsnähe, Festschrift für Nikisch 1958, S. 249.

— Gäubiger, Schuldner und Dritte, JZ 1962, 553.

— Zur Haftung des Warenherstellers, Karlsruher Forum 1963.

*Griesche*, Kurt: Verträge zugunsten Dritter, Diss. Göttingen 1926.

*Grunsky*, Wolfgang: In Athenäum Zivilrecht, Bd. I, 1972, S. 617.

*Hadding*, Walther: Der Bereicherungsausgleich beim Vertrag zu Rechten Dritter, Tübingen 1970.

— Zur Auslegung des § 335 BGB, AcP 171, 403.

*Heck*, Philipp: Grundriß des Schuldrechts, Tübingen 1920.

— Begriffsbildung und Interessenjurisprudenz, Tübingen 1932.

— Zur Entstehungsgeschichte des § 276 Satz 1 BGB, AcP 137, 259.

*Heilmann*, Hans: Zur Lehre von ursprünglichem Rechtserwerb bei dem Vertrag zugunsten Dritter, ZHR 113, 87.

— Zur Lehre vom Vertrag zugunsten Dritter, ZHR 114, 15.

— Der Vertrag zugunsten Dritter — ein schuldrechtliches Verfügungsgeschäft, NJW 1968, 1853.

*Heiseke*, Jürgen: Zur Schutzwirkung eines Schuldvertrages gegenüber dritter Personen, NJW 1960, 77.

*Hellwig*, Konrad: Verträge auf Leistungen an Dritte, Leipzig 1899.

— Anspruch und Klagrecht, Jena 1900.

*Henckel*, Wolfram: Die ergänzende Vertragsauslegung, AcP 159, 106.

*Herholz*, Felix: Das Schuldverhältnis als konstante Rahmenbeziehung, AcP 130, 257.

*Himmelschein*, Jury: Erfüllungszwang und Lehre von den positiven Vertragsverletzungen, AcP 135, 255.

— Zur Frage der Haftung für fehlerhafte Leistung, AcP 158, 273.

*Hitschfeld*, Max: Die Rechte des Versprechensempfängers aus einem Vertrage auf Leistung an einen Dritten in historischer und dogmatischer Entwicklung, Diss. Breslau 1909.

*Hoffmann*, Karl-Heinz: Der Vertrag zugunsten Dritter von Todes wegen — Eine Erbeinsetzung im Valutaverhältnis, AcP 158, 178.

*Jakobs*, Horst-Heinrich: Unmöglichkeit und Nichterfüllung, Bonn 1969.

*Kisch*, Wilhelm: Die Wirkungen der nachträglich eintretenden Unmöglichkeit der Erfüllung bei gegenseitigen Verträgen nach dem Bürgerlichen Gesetzbuch für das Deutsche Reich, Jena 1900.

*Kluckhohn*, Wilhelm: Zum Problem der Schadensliquidation aus fremdem Interesse, AcP 111, 406.

*Koepcke*, Günther: Typen der positiven Vertragsverletzung, Stuttgart, Berlin, Köln, Mainz 1965.

*Kress*, Hugo: Lehrbuch des allgemeinen Schuldrechts, 1929.

*Lange*, Heinrich: Die Auswirkung von Leistungsstörungen beim echten Vertrage zugunsten Dritter im Rechtsbereich des Dritten, NJW 1965, 657.

*Lange*, Wolfgang-Dieter: Zur Abgrenzung des Vertrages zugunsten Dritter und der Drittschadensliquidation, Diss. Berlin 1956.

*Larenz*, Karl: Allgemeiner Teil des deutschen Bürgerlichen Rechts, 2. Aufl. 1972.

*Larenz*, Karl: Lehrbuch des Schuldrechts, 11. Aufl. Bd. I 1976, 10. Aufl. Bd. II 1972, zit.: *Larenz I, Larenz II.*
— Methodenlehre der Rechtswissenschaft, 2. Aufl. 1969, 3. Aufl. 1975.
— NJW 1956, 1193.
— NJW 1960, 78.
— Entwicklungstendenzen der heutigen Zivilrechtsdogmatik, JZ 1962, 105.
— Ergänzende Vertragsauslegung und dispositives Recht, NJW 1963, 737.

*Lehmann*, Heinrich / *Hübner*, Heinz: Allgemeiner Teil des Bürgerlichen Gesetzbuches, 16. Aufl. 1966.

*Lehmann*, Heinrich: Die positiven Vertragsverletzungen, AcP 96, 60.

*Leonhard*, Franz: Allgemeines Schuldrecht des BGB, 1929.

*Ligeropoulos*, Alexandros: in ERMAK zu Art. 410 - 415.

*Lorenz*, Werner: Die Einbeziehung Dritter in vertragliche Schuldverhältnisse — Grenzen zwischen vertraglicher und deliktischer Haftung, JZ 1960, 108.
— Gläubiger, Schuldner, Dritte und Bereicherungsausgleich, AcP 168, 286.
— Bereicherungsrechtliche Drittbeziehungen, JuS 1968, 441.

*Lüderitz*, Alexander: Auslegung von Rechtsgeschäften, Karlsruhe 1966.

*Medicus*, Dieter: Zur Verantwortlichkeit des Geschädigten für seine Hilfspersonen, NJW 1962, 2081.
— Vertragliche und deliktische Ersatzansprüche für Schäden aus Sachmängeln, Festschrift für Eduard Kern, Tübingen 1968, S. 313.

*Meusel*, Günther: Die Ausübung der durch §§ 325, 326 BGB gewährten Befugnisse im Fall eines Vertrags auf Leistung an einen Dritten, Diss. Breslau 1910.

*Molitor*, Erich: Die Kündigung, Mannheim, Berlin, Leipzig 1935.

*Neuenschwander*, Markus: Die Schlechterfüllung im Schweizerischen Vertragsrecht, Bern 1971.

*Oertmann*, Paul: Kommentar zum Bürgerlichen Gesetzbuch und seinen Nebengesetzen, II. Buch: Recht der Schuldverhältnisse, 5. Aufl. Bd. I 1928.

*Ostwald*: Zur Anwendung des § 278 im Rahmen des § 254 BGB insbes. bei Verträgen zugunsten Dritter, LZ 1923, 516.

*Palandt*, Otto: Bürgerliches Gesetzbuch, 35. Aufl. 1976, zit.: *Palandt/Heinrichs.*

*Plancks* Kommentar zum Bürgerlichen Gesetzbuch, II. Bd. 1. Hälfte 4. Aufl. 1914; zit.: *Planck/Siber.*

*Raiser*, Ludwig: Vertragsfunktion und Vertragsfreiheit, Festschr. zum hundertjährigen Bestehen des Deutschen Juristentages 1960, Bd. I, S. 101.

*Rappaport*, Achill: Die Einrede aus dem fremden Rechtsverhältnis, Berlin 1904.

*Regelsberger*, Ferdinand: Über die Verträge zugunsten Dritter und über die Schuldübernahme, AcP 67, 1.

*Reichsgerichtsräte*: Das Bürgerliche Gesetzbuch, Kommentar, herausgegeben von Reichsgerichtsräten und Bundesrichtern, 11. Aufl. I. Bd. 2. Teil (§§ 241 - 432), 1960, zit.: *Nastelski* in RGRK, *Löscher* in RGRK, *Wilde* in RGRK.

*Reinhard*, Rudolf: Der Ersatz des Drittschadens, Mannheim 1933.

*Riezler*, Erwin: Venire contra factum proprium, Leipzig 1912.

*Rosenberg*, Leo / *Schwab*, Karl-Heinz: Zivilprozeßrecht, 11. Aufl. 1974.

*Ruppert*, Peter: Die Rechtsstellung des Dritten bei Leistungsstörungen im Bereich des § 328 des Bürgerlichen Gesetzbuches, Diss. Würzburg 1965.

*Schmalzel*, Zelimir: Vorverträge zugunsten Dritter, AcP 164, 446.

*Schmidt*, Eike: Rudolf von Jhering, Culpa in contrahendo — Hermann Staub, Die positiven Vertragsverletzungen. Mit einem Nachwort von Eike Schmidt, Berlin, Zürich 1969.

— Der Bereicherungsausgleich beim Vertrag zu Rechten Dritter, JZ 1971, 601.

*Scholmeyer*, Friedrich: Kommentar zum Bürgerlichen Gesetzbuch, Recht der Schuldverhältnisse, 1. Hälfte 1900.

*Sekel*, Emil: Die Gestaltungsrechte des Bürgerlichen Rechts, Darmstadt 1954.

*Siber*, Heinrich: Schuldrecht, 1931.

— Vertrag zugunsten Dritter, Handwörterbuch der Rechtswissenschaft, Bd. VI, S. 558, 1929.

*Soergel*, Theodor / *Siebert*, Wolfgang: Bürgerliches Gesetzbuch, Kommentar, 10. Aufl. Bd. 1 (Allgemeiner Teil), Bd. 2 (Schuldrecht I) 1967, zit.: *Soergel/ Siebert/Knopp*, *Soergel/Siebert/Schmidt*, *Soergel/Siebert/Ballerstedt*.

*Söllner*, Alfred: Mietvertragliche Sachmängelhaftung des Grundstückerwerbes gegenüber Dritten, BGHZ 49, 350, JuS 1970, 159.

*Sontis*, Johannes: in ERMAK zu Art. 402 - 409.

— Abwendung der Verjährungseinrede wegen widersprüchlichen Verhaltens des die Einrede Geltendmachenden (venire contra factum proprium), in Gedächtnisband für Emmanouil Michelakis, Athen 1972, S. 147 (griechisch).

*Stammler*, Rudolf: Recht der Schuldverhältnisse, 1897.

*Staub*, Hermann: Die positiven Vertragsverletzungen, Berlin 1904.

*v. Staudinger*, Julius: Kommentar zum Bürgerlichen Gesetzbuch, 11. Aufl. I. Bd. (Allgemeiner Teil) 1957, zit.: *Staudinger/Coing*; 11. Aufl. II. Bd. (Recht der Schuldverhältnisse), Teil 1b (§ 242) 1961, zit.: *Staudinger/Weber*; 9. Aufl. II. Bd. 1. Teil (§§ 241 - 432) 1930, zit.: *Staudinger/Werner*; 10./11. Aufl. II. Bd. Teil 1d (§§ 328 - 335) 1969, (§§ 362 - 386) 1974, zit.: *Staudinger/ Kaduk*.

*Stoll*, Heinrich: Die Lehre von den Leistungsstörungen, Tübingen 1936.

— Abschied von der Lehre von der positiven Vertragsverletzung, AcP 136, 257.

*Stuckart*, Werner: Drittersatzansprüche, Diss. Mainz 1964.

*Tägert*, Hans: Die Geltendmachung des Drittschadens, 1938.

*Thiele*, Wolfgang: Die Zustimmungen in der Lehre vom Rechtsgeschäft, Köln, Berlin, Bonn, München 1966.

— Leistungsstörung und Schutzpflichtverletzung, JZ 1967, 649.

*v. Tuhr*, Andreas: Der Allgemeine Teil des Deutschen Bürgerlichen Rechts, II. Bd. 2. Hälfte 1918.

— Eigenes und fremdes Interesse bei Schadensersatz aus Verträgen, GrünhutsZ Bd. 25, S. 529.

*v. Tuhr*, Andreas: Besprechung von Hellwig, Die Verträge auf Leistung an Dritte, KrVJSch 3. Folge Bd. 7, S. 542.

*Unger*, Josef: Die Verträge zugunsten Dritter, JherJb. 6, 131.

*Viehweg*, Theodor: Topik und Jurisprudenz, 5. Aufl. München 1974.

*Weimar*, Wilhelm: Vertragliche Haftung ohne Vertrag? VersR 1960, 777.

*Wellspacher*, Moriz: Das Vertrauen auf äußere Tatbestände im bürgerlichen Rechte, Wien 1906.

*Wesenberg*, Gerhard: Verträge zugunsten Dritter, Weimar 1949.

*Westermann*, Harry: Lehrbuch des Sachenrechts, 6. Aufl. 1969.

— Haftung für fremdes Handeln, JuS 1961, 333.

*Wicher*, Reinhard: Zur Frage der Haftung für fehlerhafte Leistung, AcP 158, 297.

*Wieacker*, Franz: Zur rechtstheoretischen Präzisierung des § 242 BGB, Tübingen 1956.

*Windscheid*, Bernhard: Lehrbuch des Pandektenrechts, 7. Aufl., Bd. II 1891.

*Wogatzky*, Hans: Wandlung und Minderung bei einer Mehrheit von Käufern und Verkäufern, Diss. Hamburg 1931.

*Wolff*, Martin / *Raiser*, Ludwig: Sachenrecht, 10. Aufl. 1957.

*Wolf*, Ernst: Rücktritt, Vertretenmüssen und Verschulden, AcP 153, 97.

*Zepos*, Panajiotis: Schuldrecht, Bd. A (Allgemeiner Teil), 2. Aufl. 1955 (griechisch), zit.: *Zepos* I.

— Zu einer „gestalttheoretischen" Auffassung des Schuldverhältnisses, AcP 155, 486.

*Ziolecki*, Roman: Stehen bei einem Vertrage auf Leistung an einen Dritten diesem oder dem Versprechensempfänger die durch §§ 325, 326 BGB gewährten Rechte zu? Diss. Breslau 1909.

*Zippelius*, Reinhold: Einführung in die juristische Methodenlehre, 2. Aufl. München 1974.

*Zirkel*, Adam: NJW 1956, 1675.

*Zittelmann*, Ernst: Nichterfüllung und Schlechterfüllung, Festgabe der Bonner juristischen Fakultät für Paul Krüger 1911, S. 263.

*Zunft*, Fritz: Wie ist das Vorliegen eines echten Vertrages zugunsten Dritter mit Schutzwirkung für Dritte festzustellen? MDR 1960, 543.

Printed by Libri Plureos GmbH
in Hamburg, Germany